ASTROVAC

SOPHIE HÉROLT PETITPAS

Un été bien-être en compagnie des astres !

Introduction

UN ÉTÉ 100 % ASTRO !

Tous les ans, c'est pareil. En kiosque ou sur son smartphone, on l'attend avec impatience. Il marque le coup d'envoi des vacances. Vous avez deviné ? Bingo, c'est l'horoscope de l'été ! On le lit en solo ou avec les copines, on se le fait piquer en douce par son ou sa chéri.e...

Profitez de l'été et des vacances pour percer les secrets de l'astrologie et de votre carte du ciel tout en vous amusant. Partez à la découverte des signes, des planètes, des maisons. Plus original et tendance, explorez la face *witchy* de votre carte du ciel grâce à des points méconnus comme Lilith *alias* la Lune noire, Chiron le chaman blessé du zodiaque ou les astéroïdes. Faites connaissance avec les grands archétypes du féminin sacré, les cycles de la Lune, la magie des éléments.

COMMENT ?

Grâce à des jeux, des exercices créatifs ou de développement personnel, des méditations, des rituels, des DIY.

Sans oublier évidemment le grand horoscope de l'été, des tests pour évaluer votre niveau de connaissances en astro, votre potentiel de séduction, votre libido estivale, etc.

Mais si l'horoscope de l'été vous met du baume au cœur, il ne représente qu'une très faible partie du pouvoir de guidance et de coaching offert par l'astrologie. Si l'on se donne la peine d'étudier son thème de naissance, c'est-à-dire la photographie de son ciel de naissance à l'heure dite de son entrée dans ce monde, on peut découvrir les faces visibles et cachées de son caractère.

Ce cahier de vacances vous explique aussi comment monter et lire les symboles de sa carte du ciel. À la fin de cet album, vous pourrez faire le point sur votre cosmos intérieur à la lumière de tous les jeux, exercices et rituels effectués tout au long de votre parcours ludique et créatif.

Bonnes vacances cosmiques !

SOMMAIRE

TEST
L'astro et moi :
ce que peut m'apporter l'astrologie 4
Comment monter son thème astral 6
La roue du zodiaque, un chemin
initiatique au fil des saisons 7
L'horoscope de l'été 8
BÉLIER 14
TAUREAU 16
GÉMEAUX 18
Le mood tracker de l'été 20
CANCER 22
LION 24
VIERGE 26
LE YOGA DE L'ÉTÉ
Quelle position pour se détendre
en fonction de son signe solaire ? 28
BALANCE 30
SCORPION 32
SAGITTAIRE 34
CAPRICORNE 36
VERSEAU 38
POISSONS 40
JEU
Reliez les constellations 42
FOCUS
ALLER PLUS LOIN
Les planètes, les personnages
de votre biopic astral 44
EXERCICE
Comment trouver
sa planète dominante ? 46
Mon profil psy avec les planètes 47
JEUX
Le soleil, la quête du héros ! 48
Mars, la colère créative 49
Quiz mythologique 49
UN ÉTÉ POUR MÉDITER
Banco, je médite avec les planètes ! 50
FOCUS
ALLER PLUS LOIN
Les maisons 52
FOCUS
ASTRO WITCH
Quand l'astrologie réveille
la magie qui sommeille en vous 54
Place à Lilith 54
Place à Chiron 57
Balade avec les astéroïdes,
les énergies féminines du zodiaque 60
TEST
Quel archétype féminin êtes-vous ? 61
FOCUS
LA MAGIE DES ÉLÉMENTS 62
LA LIBIDO DE L'ÉTÉ 66
Un été so sexy ! 66
TEST
Quel est votre style érotique ? 67
LES CYCLES DE LA LUNE
Demandez la lune 68
Mon bilan zodiacal 70
L'astro-dico pour lire votre carte du ciel ... 72
Réponses et solutions 74
Remerciements et crédits 76

TEST

L'ASTRO ET MOI CE QUE PEUT M'APPORTER L'ASTROLOGIE

Au-delà des horoscopes, l'astrologie est une voie de connaissance et d'exploration de la psyché comme de l'âme. Il existe plusieurs voies pour aborder ce vieux savoir multimillénaire. Certains abordent l'astrologie comme un outil ludique et créatif qui raconte de belles histoires, d'autres l'utilisent comme un outil de connaissance de soi et de développement personnel ; enfin, certains y voient un chemin initiatique et spirituel. Quel chemin avez-vous envie d'emprunter grâce à l'astrologie ? Ce test vous révèle votre voie personnelle.

1. Pour vous, l'astrologie, c'est quoi ?

● Un outil pour mieux se connaître.

★ Un langage ancestral qui met en scène des mythes, des dieux et des déesses.

◆ Une carte pour trouver son chemin de vie.

■ Un outil pour accéder à davantage de conscience.

2. Qu'attendez-vous de ce cahier de vacances ?

■ Des jeux, des exercices pour en savoir plus sur l'astrologie.

● Des jeux, des exercices pour découvrir des facettes de ma personnalité que je ne connais pas.

◆ Des moments de détente, d'apaisement et de connexion à moi-même.

★ Du fun, des jeux et de la créativité.

3. Dans quel état d'esprit êtes-vous cet été ?

■ J'ai des questionnements sur mon avenir.

★ J'ai envie de me détendre et de me faire plaisir.

◆ J'ai le désir de ralentir et de me reconnecter à la nature.

● J'ai envie de me retrouver.

4. Si vous deviez n'apprendre qu'une seule chose sur l'astrologie grâce à ce cahier, ce serait quoi ?

◆ Comment me connecter à mon âme.

● Pourquoi cet aspect de ma personnalité me bloque.

■ La révélation d'un talent que je sous-estime.

★ Des connaissances sur la mythologie.

5. Que faites-vous un soir de pleine lune ?

◆ Un rituel.

● Une insomnie et pas mal de cogitations.

★ Je dors à la belle étoile pour profiter du spectacle.

■ J'écris dans mon journal des gratitudes et des projets pour le prochain cycle.

6. Vous faites une rencontre décisive pendant vos vacances. Comment vous sentez-vous ?

● Anxieuse, j'ai peur de l'inconnu.

★ Impatiente de vivre une nouvelle aventure.

■ J'ai confiance en mon destin.

◆ Ouverte à tous les messages envoyés par l'Univers d'où qu'ils viennent.

RÉSULTATS

Vous avez une majorité de ★, vous suivez la voie de la conteuse.

Pour vous, fan d'histoire, de mythologie et de légendes, l'astrologie est un moyen d'entrer en contact avec l'âme, les pouvoirs et la psychologie des dieux et des déesses. L'astrologie est un formidable vecteur pour raconter des histoires, votre histoire, en jouant avec l'imaginaire et les grands archétypes de la mythologie. Ce cahier de vacances vous donne l'occasion d'approfondir vos connaissances, de booster votre créativité et votre imagination.

Vous avez une majorité de ●, vous suivez la voie de la coach.

L'horoscope comme outil de divination, ce n'est pas pour vous. Vous penchez du côté de l'astro-psycho, cette version moderne de l'astrologie qui place l'étude du thème de naissance au cœur d'un processus de développement personnel. Cette photographie du ciel de votre naissance se révèle un formidable outil de connaissance de soi et de coaching. Ce cahier de vacances offre des exercices pratiques et créatifs pour travailler sur vous-même.

Vous avez une majorité de ◆, vous suivez la voie de la mystique.

Vous avez la profonde intuition que l'astrologie est bien plus qu'un outil de divination et de connaissance de soi. Ce savoir multimillénaire vous met en contact avec les grands archétypes de la mythologie et les mystères des grands cycles cosmiques. Vous êtes intéressée par la dimension spirituelle de cet outil. Ce cahier de vacances vous propose des méditations, des rituels pour aborder la facette mystique de l'astrologie.

Vous avez une majorité de ■, vous suivez la voie de l'oracle.

Vous ne connaissez pas grand-chose à l'astrologie. Vous voyez cette pratique comme un outil de divination parmi d'autres. Et pourtant, pas question d'abandonner votre libre arbitre ou de croire que tout est écrit à l'avance. Au contraire, vous utilisez les pouvoirs de l'astrologie comme une source d'inspiration et de guidance. Ce cahier de vacances vous offre un oracle et de nombreuses propositions de tirages.

COMMENT MONTER SON THÈME ASTRAL

Le thème astral ou natal est le terme le plus utilisé pour désigner la carte du ciel de votre naissance. Il représente la photographie du ciel prise le jour J à l'heure H de votre naissance.
Cette étape peut se réaliser en quelques clics sur des sites ou applications gratuites.

De quoi avez-vous besoin ?

De votre date, lieu et heure de naissance. Vous ne connaissez pas votre heure de naissance ? *No stress*, l'information se trouve sur votre extrait de naissance. Si vous ne l'avez pas, contactez la mairie où vous avez été déclarée ou rendez-vous sur le site service-public.fr. C'est gratuit, votre extrait sera envoyé par la poste en seulement quelques jours.

Un site gratuit : astrotheme.com

Astrothème est le site en français et gratuit le plus clair et complet sur le sujet. On monte et on imprime son thème en quelques clics !

Comment faire ?

Sur la page d'accueil, dans la colonne de gauche, dans la rubrique « Calculs astrologiques », cliquez sur « Ascendant et thème astral ». Renseignez vos données personnelles (prénom, date, heure et lieu de naissance), cliquez deux fois sur « Poursuivre », et hop ! Votre thème s'affiche. Dessinez-le sur le gabarit ci-contre pour toujours l'avoir à portée de main.

SYMBOLES ASTROLOGIQUES

LES PLANÈTES

☉ Soleil	♂ Mars	♆ Neptune
☽ Lune	♃ Jupiter	♇ Pluton
☿ Mercure	♄ Saturne	
♀ Vénus	♅ Uranus	

LES SIGNES

♈ Bélier	♌ Lion	♐ Sagittaire
♉ Taureau	♍ Vierge	♑ Capricorne
♊ Gémeaux	♎ Balance	♒ Verseau
♋ Cancer	♏ Scorpion	♓ Poissons

LA ROUE DU ZODIAQUE, UN CHEMIN INITIATIQUE AU FIL DES SAISONS

Tout le monde connaît son signe astrologique, ses bons côtés comme ses vilains défauts. Mais en réalité, il est impossible de penser un signe sans penser les autres. La roue du zodiaque s'inscrit dans une logique d'ensemble. Le Bélier engendre le Taureau, qui engendre le Gémeaux, etc. Ce cheminement correspond au passage du Soleil sur une année dans les douze signes du zodiaque. Chaque fois que l'astre du jour change de signe, il démarre une nouvelle initiation, développe des qualités supplémentaires et peaufine son évolution.

LE ZODIAQUE AU FIL DES SAISONS

L'astrologie occidentale est solaire et suit le mouvement des saisons. C'est un langage symbolique qui combine les cycles astronomiques et terrestres. Elle fonctionne sur le principe de l'analogie : un processus de pensée qui établit des ressemblances et des correspondances entre des choses et des situations différentes. Un exemple ? Le Bélier est le premier signe du printemps, il incarne le principe de commencement, de renouveau, de naissance et d'élan vital. Toutes les analogies, les métaphores associées au début du printemps peuvent lui être appliquées.

LE THÈME ASTRAL, LA PHOTOGRAPHIE DE NOTRE ZODIAQUE INTÉRIEUR

Autre détail fondamental, si vous avez eu la curiosité de monter votre thème astral, vous verrez que les douze signes y sont représentés. Autrement dit, impossible d'entrer dans le secret de votre naissance sans embrasser, une fois encore, la totalité du zodiaque. Ainsi, chaque fois que le Soleil entre dans un nouveau signe, il active une partie bien précise de votre personnalité.

COMMENT REPÉRER LES SIGNES PLUS INFLUENTS DE VOTRE ZODIAQUE INTÉRIEUR ?

Vous avez à votre disposition toute la palette énergétique du zodiaque. Certains signes sont plus influents que d'autres dans votre personnalité. Comment les identifier ? Tout d'abord, retenez votre signe astrologique qui correspond à la position du Soleil le jour de votre naissance, puis celui qui accueille la Lune. Ajoutez l'ascendant, le signe tout à gauche de votre carte du ciel. Il représente le lieu et le signe astrologique où s'est levé le Soleil le jour de votre naissance. Enfin, regardez aussi le ou les signes qui contiennent au moins trois planètes.

Mon signe solaire : ....

Mon signe lunaire : ....

Mon ascendant : ....

Les signes qui contiennent au moins trois planètes : ....

Au cours de votre parcours dans ce carnet, prêtez une attention particulière à vos signes dominants. Ils constituent le cœur de votre personnalité en mêlant leurs talents comme leurs défauts. Tout ce beau monde cohabite plus ou moins harmonieusement et fait la richesse et la complexité de votre personnalité.

Bon voyage dans la roue de votre zodiaque intérieur !

L'HOROSCOPE DE L'ÉTÉ

Climat astral pour un été en mode passion

Côté love, l'été sera chaud, glamour et théâtral ! Vénus la déesse de l'amour et de la beauté installe son QG estival dans le signe du Lion. Elle y réside du 5 juin au 9 octobre. L'amour en mode Lionne rime avec le triptyque suivant : passion, intensité, excellence. La barre est haut, les exigences aussi. Mars, son amant, l'accompagne pendant plus d'un mois. On ne va pas se mentir, l'été 2023 sera tumultueux et pleins de rebondissements. Le tube de l'été ? *69 année érotique* de Serge Gainsbourg et Jane Birkin. Si les cœurs s'embrasent à la moindre étincelle, tout n'est pas toujours rose. Jupiter et Uranus se rencontrent en Taureau, le signe le plus sensuel et jaloux du zodiaque. Gare aux coups d'éclat comme aux coups de foudre, aux vents de passion comme aux déceptions. Rien n'est simple ou écrit d'avance. Une chose est sûre, il y aura des surprises, des rebondissements, des instants suspendus et magiques, des moments de retour à la réalité plus ou moins douloureux ou salvateurs.

BÉLIER

21 MARS – 21 AVRIL

AMOUR

En juin, la rencontre ultra érotique entre Vénus et son amant Mars en Lion booste vos amours. Honneur aux célibataires qui seront les premières servies par cette configuration exceptionnelle. Du 5 juin au 9 juillet, vous attirez tous les regards. En couple, misez sur les tête-à-tête sensuels. Uranus la surprise réveille votre libido et vos talents de masseuse. Jouez la carte du corps à corps et des plaisirs. En août, la situation se stabilise. Les amoureux expérimentent le retour à la réalité et à un quotidien plus banal. C'est la vie ! Soyez patiente et confiante. Ne vous laissez pas influencer par une baisse d'intensité amoureuse tout à fait normale.

VIE SOCIALE

Boostée par une énorme envie de séduire, vous êtes sur tous les fronts, sauf au bureau où tout est calme. Gérez les affaires courantes sans vous mettre la pression. En juillet, l'arrivée de Mars en Vierge est l'occasion de faire du tri, de mettre de l'ordre dans vos affaires. Faites-le, vous gagnerez du temps à la rentrée.

BIEN-ÊTRE

Jupiter le plaisir et Uranus la transgression se promènent en Taureau le sensuel. Tous vos sens sont en émoi. Cette présence vous invite à explorer votre corps et ses secrets. Votre libido atteint des sommets, mais en mode *slow love*. Ne soyez pas pressée, prenez votre temps.

TAUREAU

22 AVRIL – 21 MAI

AMOUR

La rencontre au sommet entre Jupiter l'expansion et Uranus la surprise dans votre signe bouscule vos plans. Ça va swinguer. En couple ou célibataire, un seul mot d'ordre : s'adapter pour répondre à des avances incroyables et explorer des pratiques amoureuses de haute intensité. En juillet, le Soleil en Cancer vous entraîne sur une pente romantique avec un twist super sexy. Go ! En août, les couples sont défiés par madame Jalousie. Prenez du recul. Puis, utilisez cette atmosphère électrique dans le secret de votre alcôve au lieu de jouer les divas. La présence de Mars en Vierge calme le jeu et vous donne des gages de sécurité et de sérieux. Les solos peuvent lui faire confiance.

VIE SOCIALE

Côté pro, bonne nouvelle, vous ne serez pas dérangée. Les affaires sont au ralenti. Profitez de vos vacances. Côté mondanités, focus sur le mois de juillet où votre charme opère dans tous les milieux et en toutes circonstances. En août, seul l'amour attire votre attention.

BIEN-ÊTRE

Vous êtes en pleine forme. Mais attention, vous manquez de recul et de mesure. Prenez soin de vous en gardant de bonnes habitudes alimentaires malgré les tentations.

GÉMEAUX

22 MAI – 21 JUIN

AMOUR

Du 5 juin au 9 juillet, votre quotient séduction atteint des sommets. Vos talents d'oratrice, de conteuse, d'actrice font merveille. Les couples marchent main dans la main, unis dans la joie comme dans la difficulté. La présence de Mars l'action dans le secteur de la famille joue les trublions. Rien de grave, on vous fait confiance pour trouver de « bonnes excuses » pour échapper aux obligations familiales. Les solos cartonnent à condition de sortir de leur zone de confort en s'engageant corps et âme. Gloups ! De quoi avez-vous peur ? Vous aimez les expériences, les découvertes, lâchez-vous. Prudence à la mi-août, un malentendu, une gaffe crée la confusion. C'est passager !

VIE SOCIALE

Côté pro, vous manquez de repères. Restez dans l'ombre en observant la situation. L'heure n'est pas à l'action. Partez en vacances, vous reprendrez la main à la rentrée. Côté sorties, c'est le festival. Vous avez la bougeotte et une folle envie de rencontrer la terre entière. Foncez, vous n'aurez que de bonnes surprises.

BIEN-ÊTRE

Les astres vous invitent à explorer votre corps, vos sensations, vos désirs. Un scoop ? Un peu car vous n'êtes pas une « tactile ». Le flirt, le libertinage, oh ! que oui. La passion sensuelle et intense, pas trop. N'ayez pas peur de perdre le contrôle, de vous laisser aller, c'est le moment, vous avez rendez-vous avec le plaisir !

CANCER

22 JUIN – 22 JUILLET

AMOUR

Dès le mois de juin, le petit crabe ouvre grand son cœur. Il attend juste un signal pour se lancer à corps perdu dans une nouvelle relation amoureuse ou booster son couple. Les amants du zodiaque, Vénus et Mars, fusionnent dans la maison du corps. Place au plaisir ! En juillet, les célibataires voient une relation amicale se transformer en coup de cœur. Foncez, vous n'avez rien à craindre. Les couples prennent le large quitte à surprendre leurs proches. En août, en couple ou en solo, une pointe de jalousie vient perturber votre quotidien. C'est un malentendu, tout rentre très vite dans l'ordre.

VIE SOCIALE

Entre amis, l'ambiance est au beau fixe. De nouvelles têtes surgissent, d'anciennes connaissances refont surface pour votre plus grand plaisir. Vous n'êtes pas au bout de vos surprises. Côté pro, c'est la routine ! Gérez les affaires courantes sans vous prendre la tête, il ne se passe pas grand-chose.

BIEN-ÊTRE

C'est l'été de tous les plaisirs et des excès. Les tentations sont multiples, difficile de résister. Côté libertinage, laissez-vous tenter. Vous êtes à fleur de peau : intensité et plaisir garantis.
Au diable les commentaires désobligeants, faites comme bon vous semble.

LION

23 JUILLET – 22 AOÛT

AMOUR

La lionne rugit de plaisir ! Vous êtes la personnalité la plus en vue du zodiaque. Tout l'été, Vénus, la déesse de l'amour et de la beauté, visite votre signe. Les solos sont irrésistibles. Partout où elles résident, elles brillent de mille feux et attirent tous les regards. Côté séduction, c'est du gâteau mais attention aux jalousies et autres rivalités. En juillet, vous marchez sur du velours. Pour éviter les crispations, restez humble. En août, c'est chaud ! Les couples font monter les enchères de la séduction, au risque de rendre jaloux leur *alter ego*. Ne jouez pas avec le feu, vous pourriez le regretter.

VIE SOCIALE

Le charme de Vénus opère aussi côté pro. Vous avez un fol appétit de réussite mais tout le monde n'est pas prêt à vous suivre les yeux fermés. Une lutte de pouvoir ou d'influence s'installe au cours de l'été. Le mois le plus délicat ? Août. Faites un pas en arrière si nécessaire, vous n'êtes pas sûre de gagner à tous les coups. Prudence !

BIEN-ÊTRE

Le 10 juillet, Mars s'installe pour le reste de l'été dans le secteur du corps. En Vierge, il booste votre envie de prendre soin de vous. Au programme, sport, marche dans la nature, méditation, alimentation saine et naturelle. À la fin de l'été, vous êtes dans une forme remarquable.

VIERGE

23 AOÛT – 22 SEPTEMBRE

AMOUR

Le 5 juin, Vénus pose ses valises dans le signe flamboyant du Lion. Un vrai défi ! Ne laissez pas votre légendaire syndrome de l'imposteur saper vos chances. Au contraire, profitez de l'énergie solaire de Vénus pour réveiller votre pouvoir de séduction. Le 10 juillet, Mars le désir s'installe dans votre signe jusqu'au 27 août. Les célibataires retrouvent confiance. Profitez d'un voyage pour tester une attitude plus sexy. Les couples jouent la carte de la complicité, puis de la fusion. Passez en mode confidences et projets. Fin août, des divergences surgissent, elles sont de courte durée. Votre relation résiste sans aucun problème.

VIE SOCIALE

Profitez d'un solide appui planétaire début juin pour boucler un maximum de dossiers. Le 10 juillet, la présence de Mars dans votre signe booste votre confiance. Sortez, montrez-vous, vous allez être surprise par votre impact personnel. En août, une info boulot vous inquiète. Temporisez, cela peut attendre la rentrée.

BIEN-ÊTRE

Un mot d'ordre ? Décompressez ! Prenez soin de votre corps. Vous êtes experte en la matière. En juillet, misez sur vos ami.e.s pour vous motiver et passer à l'acte. En août, le stress est de retour. Méditation, marche matinale en pleine nature, voilà la recette idéale pour se vider la tête.

BALANCE

23 SEPTEMBRE – 22 OCTOBRE

AMOUR

Dès le mois de juin, Vénus prend en main votre agenda de vacances festif. En juillet, les célibataires multiplient les chances de rencontres. Puis, l'euphorie baisse d'un cran. Rien de grave, mais les promesses ne sont pas toutes tenues. Peut-être avez-vous vu trop grand ? Les couples passent en mode introspection. Le but ? Écouter les envies de l'autre. Ne négligez pas cette étape, elle ouvre une porte vers de prochaines grandes décisions. En août, la passion est de retour. En couple ou en solo, jouez la carte de la séduction et profitez d'une libido au top. Laissez-vous surprendre même si vous vous sentez « scandaleuse ».

VIE SOCIALE

Entre juin et juillet, votre vie amoureuse décolle, votre vie pro aussi. Prenez des vitamines, car vous n'avez aucune envie de laisser passer votre chance. Pas de panique, vous recevez de l'aide du côté des ami.e.s et de soutiens plus discrets qui prennent fait et cause pour vos projets, en particulier sur un plan financier. En août, vous êtes enfin en vacances.

BIEN-ÊTRE

Ne mettez pas la tête dans le sable quand la fatigue se fait sentir. Même si vous n'en avez pas envie, respectez des horaires de sommeil raisonnables. Décompressez dès que vous en avez l'occasion. Ménagez votre corps car le mois d'août s'annonce topissisme côté love et érotisme.

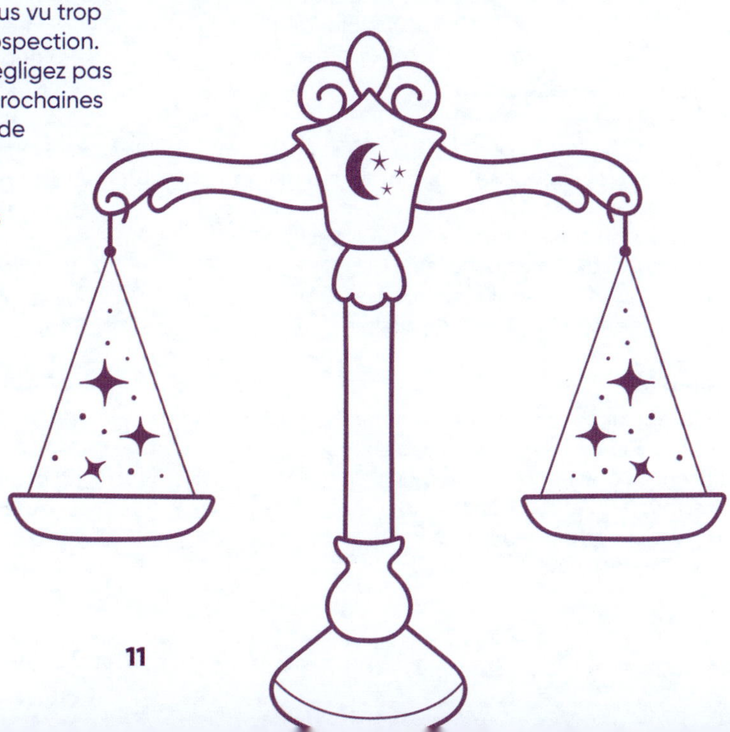

SCORPION

23 OCTOBRE – 22 NOVEMBRE

AMOUR

Côté love, vous êtes le signe le plus convoité de l'été. En juin, les couples cherchent désespérément des moments d'intimité. Au bureau, en famille, entre ami.e.s, les radars fonctionnent 24 h/24. En juillet, prenez le large pour jouer une partition amoureuse sur un mode plus romantique et intimiste. Profitez de ces instants de calme car le mois d'août s'annonce plus chaotique. En couple, votre côté jaloux est de retour. Calmez le jeu, inutile de créer un conflit qui n'a pas lieu d'être. À vos risques et périls. Les célibataires se donnent corps et âme dans une relation hyper sensuelle mais très exigeante.

VIE SOCIALE

En amour comme en affaires, pas de répit pour les braves ! Profitez d'un mois de juillet plutôt calme et apaisé pour recharger vos batteries et prendre du recul. En août, les places sont chères, même si vous êtes toujours au centre de l'attention. Difficile de résister aux avances et aux sollicitations. Le risque ? Décevoir tout le monde. Faites des choix.

BIEN-ÊTRE

Cet été s'annonce hyper intense côté physique, émotionnel et amoureux. Vous allez adorer, mais attention de ne pas griller trop tôt vos cartouches et d'arriver en septembre sur les genoux. Ménagez vos forces physiques, régulez votre baromètre émotionnel en évitant les psycho-drames inutiles.

SAGITTAIRE

23 NOVEMBRE – 21 DÉCEMBRE

AMOUR

L'été vous réserve de belles surprises, à condition de sortir de votre zone de confort. En juin, vous êtes dans votre élément, en voyage avec votre chéri.e. Les célibataires misent sur leur quotidien, les fêtes de quartier et même le bureau pour trouver l'amour. Ça fonctionne ! En juillet, l'énergie du Cancer vous oblige à être plus attentive et romantique. Pas de panique, vous découvrez une nouvelle version de l'amour en mode cocooning et tendresse. Les couples adorent et envisagent d'agrandir leur famille. La meilleure période ? Entre le 20 juillet et le 10 août. En août, vous repassez en mode passion et festivités, mais profondément transformée et apaisée.

VIE SOCIALE

Difficile de couper le cordon avec le boulot. La poisse ? Un peu quand même, car on vous sollicite pour régler des détails administratifs, financiers, etc. Ce n'est pas insurmontable, mais ennuyeux. Courage, fin août, vos efforts sont récompensés. Bonus, prime, augmentation… Tout est possible.

BIEN-ÊTRE

Jupiter l'épicurien vous invite à profiter de tous les plaisirs. Prudence, car vous avez beaucoup de difficultés à poser des limites. La période la plus *touchy* ? Août : Uranus rend toutes les transgressions hyper tentantes. Écoutez votre corps, respectez ses *warnings*.

CAPRICORNE

22 DÉCEMBRE – 20 JANVIER

AMOUR

Votre image froide, distante et tradi explose en plein vol. Le Capricorne cache bien son jeu : derrière ce cliché se cache un volcan sous la glace. En juin, les prémices d'une explosion surgissent sans crier gare. Vénus la déesse de l'amour et Mars son amant se retrouvent en secret dans la maison de la sexualité et de l'érotisme. Les couples vivent une seconde lune de miel. En juillet, les célibataires osent exprimer leurs sentiments. *Exit* la réserve, la timidité, vous faites les premiers pas. Succès garantit ! En août, l'état de grâce se poursuit avec une profonde envie de construire une relation durable sans mettre de côté l'intensité et l'effet de surprise.

VIE SOCIALE

C'est calme niveau pro. Cet été, vous n'aurez aucune excuse pour ne pas vous consacrer exclusivement à vos amours. Seul le début du mois de juin réclame votre attention. Mettez le paquet jusqu'au 12 pour boucler vos dossiers. Ensuite, basta ! Tout est sous contrôle.

BIEN-ÊTRE

R.A.S. côté physique. Vous êtes en bonne forme. C'est plus *touchy* côté mental. Début juin, vous êtes sur le gril. Déconnectez avec le boulot dès que vous en avez l'occasion. La meilleure solution ? Le sport.

VERSEAU

21 JANVIER – 19 FÉVRIER

AMOUR

Bingo ! Vous êtes l'une des personnalités les plus gâtées cet été. Entre le 5 juin et le 9 octobre, Vénus la déesse de l'amour pose ses valises dans la maison du couple. Elle est rejointe par Mars son amant jusqu'au 9 juillet. Laissez-vous surprendre. Même si ça coince en famille, au bureau, au quotidien, *love first* ! Le 10 juillet, Mars bascule dans la maison de l'érotisme. Les solos s'en donnent à cœur joie. Ils sont tentés par une vie à deux intense, ce qui n'est pourtant pas leur vision première du couple. En août, les choses sérieuses commencent. En couple ou célibataire, des décisions doivent être prises. La pression ? Oui, car vous devez donner des preuves d'amour et d'engagement. Dites oui ! Franchement, les conditions sont parfaites.

VIE SOCIALE

Côté pro, on vous laisse tranquille. En juin et en juillet, vous recevez de l'aide à condition de la demander en mettant les formes. Restez concentrée côté finance. La tentation est grande de vivre en mode *open bar*. Faites vos comptes avant d'engager une grosse dépense. L'été est festif, vous avez envie de vous faire plaisir mais votre compte en banque n'est pas illimité.

BIEN-ÊTRE

En juin et en juillet, profitez, faites-vous plaisir, soignez votre corps. Ce n'est pas du temps perdu car vous aurez besoin d'énergie et de force pour vivre à 100 % un été intense côté cœur. Spa, massage, natation… jouez la carte *slow* et nature pour vous ressourcer.

POISSONS

20 FÉVRIER – 20 MARS

AMOUR

Entre doute et euphorie, votre cœur fait les montagnes russes. En Lion, Vénus la déesse de l'amour vous demande de mettre en lumière vos peurs et de regarder l'amour avec un filtre plus réaliste. En juin, les célibataires se rassurent. Leur pouvoir de séduction est intact. En juillet, les couples reçoivent le soutien de Mars le désir. Une nouvelle dynamique se met en place. Ne vous laissez pas décourager par les ombres du passé. Tournez la page ! Vous êtes dans une phase de transformation qui débouche sur un renouveau. La meilleure période ? Du 15 au 28 juillet. En août, misez sur le dialogue pour solidifier vos relations. Ne rejouez pas la carte « tout pour l'autre ». Prenez votre place dans le couple.

VIE SOCIALE

Des doutes, des changements bousculent votre hyper sensibilité. Mais vous recevez un soutien sans faille de vos proches. En juin, misez sur la famille. En juillet et en août, c'est du côté des ami.e.s que se trouvent vos meilleurs allié.e.s, y compris dans le domaine amoureux. Côté pro, rien à signaler. Votre position est solide. Un conseil ? Soignez votre communication !

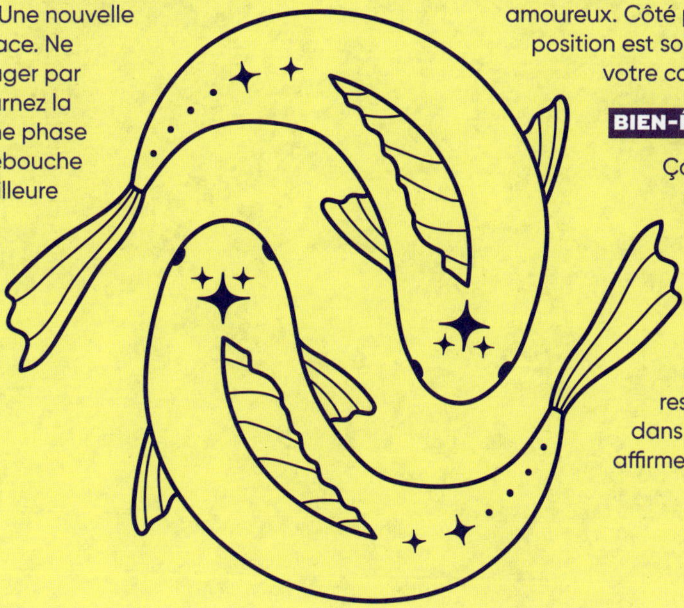

BIEN-ÊTRE

Ça pulse ! Corps, cœur et esprit sont mis à rude épreuve émotionnelle. Prenez du recul, protégez-vous. Acceptez de parler, de vous confier, d'exprimer ce que vous pensez ou ressentez. Ne tombez pas dans le piège du sacrifice, affirmez-vous.

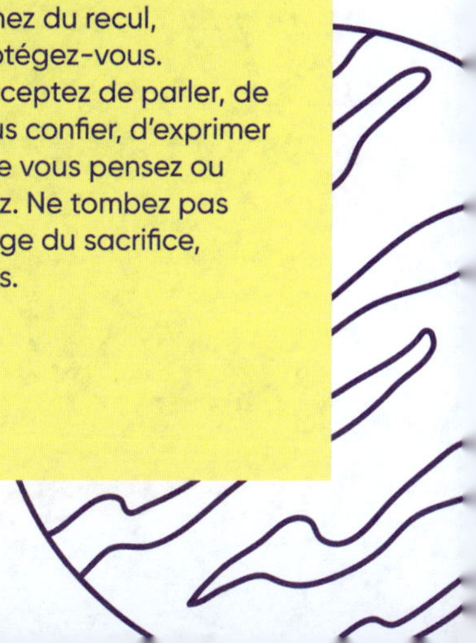

BÉLIER

L'ESPRIT D'ENTREPRISE

Plus puncher et motivé que le Bélier, tu meurs. Il est le premier à s'élancer sur la piste du zodiaque. Il incarne l'étincelle de la vie qui émerge, le printemps et son air de renouveau. Sprinteur dans l'âme et dans les gênes, il mord la piste de la vie avec une énergie folle et un moral de champion. Action, réaction ! Agir est sa raison d'être, au risque d'aller trop vite et de vivre des sorties de route mémorables. Pas de souci, le Bélier ne s'arrête pas sur ses échecs. Même s'il a horreur de perdre, il repart de plus belle pour prendre sa revanche. Quelle part de ce compétiteur se cache en vous ?

JE SUIS ASCENDANT BÉLIER

1, 2, 3 partez ! Pas question de perdre un instant de cette précieuse vie qui s'offre à moi. En mode action et réaction, je ne supporte pas le sur-place, l'ennui et la routine. J'entre dans le grand bain du monde avec un formidable esprit de combat et d'initiative. Un sentiment d'urgence m'anime en permanence, au risque d'épuiser mon immense stock d'énergie vitale.

QUOI DE NEUF POUR MOI CET ÉTÉ ?

QU'EST CE QUE JE DÉSIRE LE PLUS CET ÉTÉ ?

DANS QUEL DOMAINE, MON ÉNERGIE EST À SON MAXIMUM ?

Tirage du Bélier

Envie de tester vos liens avec le Bélier, ce que l'énergie du Bélier peut vous apporter cet été ? Réalisez ce tirage avec l'oracle en fin d'ouvrage, en vous mettant dans la peau d'un Bélier !

LE MOOD-TRACKER BÉLIER

Visualisez comment s'exprime le Mind Set Bélier en ce moment dans votre vie. Lisez attentivement les qualités et défauts du Bélier, puis fermez les yeux et prenez trois grandes respirations en position assise, les pieds bien posés sur le sol pour créer un solide ancrage : le Bélier en a bien besoin. Puis, prenez vos crayons de couleur et coloriez ce magnifique spécimen Bélier avec les couleurs associées au signe. Le but est de faire passer votre ressenti à propos de l'état d'esprit Bélier. Coloriez sans faire appel au mental, laissez passer vos émotions, votre intuition. Puis, regardez le résultat et notez ce qui est marquant.

TOP 3 DE SES QUALITÉS

- LE COURAGE
- LA FRANCHISE
- LA VITALITÉ

TOP 3 DE SES DÉFAUTS

- LA COLÈRE
- L'IMPATIENCE
- LA MAUVAISE FOI

BÉLIER OU PAS BÉLIER ?

Retrouvez et entourez les personnalités Bélier dans la liste ci-dessous :

JEAN-PAUL BELMONDO
CÉLINE DION
VICTORIA BECKHAM
ELON MUSK
RIHANNA
STEVE MCQUEEN
LILY-ROSE DEPP
KIM KARDASHIAN
ROBERT PATTINSON
MARLON BRANDO
CRISTIANO RONALDO
LADY GAGA

RÉPONSES

Les béliers : Jean-Paul Belmondo, Lady Gaga, Steve McQueen, Céline Dion, Marlon Brando, Victoria Beckham. Les autres : Elon Musk (Cancer), Kim Kardashian (Balance), Cristiano Ronaldo (Verseau), Lily-Rose Depp (Gémeaux), Robert Pattinson (Taureau), Rihanna (Poissons).

TAUREAU

LA MAGIE DES CINQ SENS

C'est au tour du Taureau de se lancer sur la piste. Se lancer ? C'est un bien grand mot car il entre au pas sur la roue du zodiaque. Méfiance, cette attitude nonchalante ne reflète en rien l'ampleur de la ténacité et de l'endurance de ce signe. Une fois sa mise en action entamée, plus rien ne l'arrête. Le Taureau stabilise et donne une forme, un corps à l'étincelle initiatique du Bélier. La matière est son royaume, la sensualité sa raison d'être. Il vibre à la moindre sollicitation de ses cinq sens. Quelle part laissez-vous à l'expression de votre sensualité ?

JE SUIS ASCENDANT TAUREAU

J'ai les pieds bien ancrés sur cette terre, l'esprit concentré sur le présent et la beauté du monde qui m'entoure. J'aborde la vie avec gourmandise et volupté. Mon désir le plus cher ? Trouver la paix, profiter de la vie, aimer, prendre du plaisir... et c'est déjà beaucoup.

DANS QUEL DOMAINE, AI-JE LE PLUS BESOIN DE STABILITÉ ET D'ANCRAGE ?

QUEL MESSAGE M'ENVOIE MON CORPS CET ÉTÉ ?

OÙ ET COMMENT S'EXPRIME LE PLUS MA SENSUALITÉ ?

Tirage du Taureau

Envie d'attirer à vous les énergies du Taureau ? Réalisez ce tirage avec l'oracle en fin d'ouvrage !

BALADE SENSORIELLE

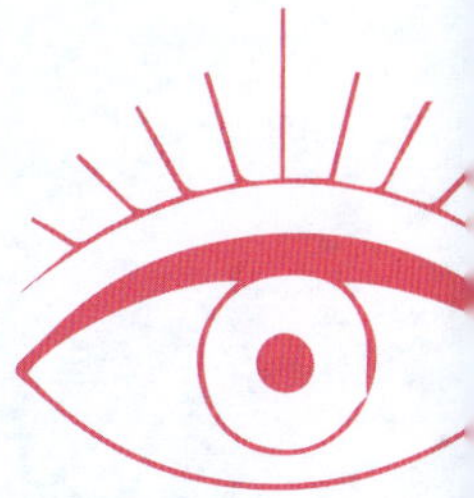

En bord de mer, en forêt ou en pleine montagne, profitez du paysage de vos vacances pour connecter vos cinq sens à votre environnement, en puisant dans la magie sensuelle du Taureau, le signe le plus attentif à la beauté du monde et de la nature.

Avant de partir, prenez quelques instants pour appréhender cet espace naturel. Portez un regard lent et panoramique sur le paysage qui vous entoure. Puis fermez les yeux en prenant trois grandes et profondes respirations. Au cours de votre voyage, si un élément naturel capte votre attention (feuille, fleur, coquillage, pierre), ramassez-le comme un cadeau de la nature. Il sera le support d'un autre exercice d'éveil des sens *made in* Taureau.

Ouïe

Mettez-vous en route en portant votre attention sur les bruits qui vous entourent. Laissez-vous imprégner par les sons du vivant, ses instants de silence. Comment réagit votre corps ? Êtes-vous détendue, en pleine extase ou mal à l'aise ?

Odorat

Concentrez votre attention sur les odeurs qui vous parviennent. Essayez de les identifier. Est-ce qu'elles sont agréables, dérangeantes ?

Toucher

Soyez attentive à tout ce qui vous entoure et ce qui attire votre main, votre envie de toucher : écorce, sable, rocher, coquillage. Prenez le temps de décrypter votre perception : chaleur, texture, plaisir ? Enregistrez vos sensations.

Vue

Reprenez votre route, ouvrez grand les yeux. Observez le paysage alentour. Saisissez comme un instantané le point de vue que vous préférez. Faites une mise au point comme si vous faisiez une photo, ajustez votre cadrage. Puis enregistrez ce que vous voyez. Quelle sensation vous procure ce paysage, quelle émotion surgit ?

Goût

Enfin, regardez autour de vous pour trouver un élément comestible. Vous pouvez utiliser votre imagination si vous n'osez pas le faire ou rapporter un élément que vous cuisinerez en revenant chez vous. Laissez la sensation du goût vous envahir. Quels sont vos ressentis ?

De retour de balade, notez ci-dessous vos visions, vos expériences, vos sensations.

Ouïe	Odorat	Toucher	Vue	Goût

GÉMEAUX

LE SURDOUÉ DU ZODIAQUE

À peine le bâton de relais attrapé de la main du Taureau, le Gémeaux prend son envol, au sens propre comme au sens figuré, et file comme le vent. Rapide, agile, tactique, il met toute la vivacité de son intelligence pour trouver le chemin le plus court et le plus intéressant. Le Gémeaux est le plus véloce et réactif au départ, mais il a du mal à finir ses courses. La faute à l'ennui, à toutes les sollicitations extérieures auxquelles il ne résiste pas et qui perturbent sa concentration, l'éloignent de son but initial. Son défi ? Ne pas gaspiller son immense talent, sa fabuleuse curiosité par manque de concentration et de constance.

JE SUIS ASCENDANT GÉMEAUX

J'aborde la vie avec une folle curiosité. Tout est source d'inspiration, de découvertes et de rencontres. Facétieuse et touche à tout, je ne manque ni de culot ni de charme. Et si la réalité me dérange, je n'hésite pas à l'arranger. En cas de blues, je joue la carte de l'humour et de l'autodérision pour garder le sourire.

Tirage du Gémeaux

QU'EST-CE QUI ATTISE LE PLUS MA CURIOSITÉ EN CE MOMENT ?

QUE VAIS-JE APPRENDRE AU COURS DE L'ÉTÉ ?

QUEL TYPE DE RELATIONS VAIS-JE NOUER PENDANT MES VACANCES ?

LA BUCKET LIST DU GÉMEAUX

Le meilleur moyen pour connaître votre quotient de « Gémeaux attitude », c'est de travailler le muscle de votre curiosité, de votre capacité à explorer, à découvrir, à apprendre. Remplissez cette Bucket List pour voir comment fonctionne et vers quoi se dirige votre curiosité :

Quelle est la chose que vous souhaitez réaliser le plus au monde ?

☐ ________________________________

Quel lieu aimeriez-vous visiter cet été ?

☐ ________________________________

Quel métier vous apporterait le plus de satisfaction intellectuelle ?

☐ ________________________________

Quel genre de cours aimeriez-vous suivre ?

☐ ________________________________

Quel est le livre qui vous a le plus appris ?

☐ ________________________________

Quel don aimeriez-vous avoir ?

☐ ________________________________

Quelle expérience rêveriez-vous de vivre cet été ?

☐ ________________________________

Quel est votre dernier mensonge ?

☐ ________________________________

Qu'est-ce qui vous fait le plus rire ?

☐ ________________________________

Quelle activité créative aimeriez-vous tester ?

☐ ________________________________

Quel est votre moyen de transport préféré ?

☐ ________________________________

Classez par ordre croissant vos curiosités les plus pressantes. Puis prenez un instant pour voir si vous vous autorisez à vivre vos envies ou pas.

VOTRE EXERCICE D'ÉCRITURE

TRAVAILLER SON IMAGINATION ET SA CAPACITÉ À RACONTER UNE HISTOIRE À PARTIR D'UNE LISTE DE MOTS

Voici trois listes de mots, regroupées en 3 catégories : personnages, lieux, événements. Recopiez ces mots sur des petits morceaux de papier, et déposez-les dans trois petits pochons, enveloppes ou récipients distincts, selon leur catégorie. Puis tirez au sort un papier issu de chaque liste. Écrivez une histoire à partir des mots que vous aurez tirés. Si vous souhaitez corser l'exercice, mettez-vous une contrainte de temps : 20 à 30 minutes, pas plus. Le but n'est pas d'écrire un chef-d'œuvre mais de défier votre plume, votre imagination et votre capacité à raconter une histoire.

PERSONNAGES	LIEUX	ÉVÉNEMENTS
UNE ADOLESCENTE	UNE GRANDE VILLE	LA RÉVÉLATION D'UN SECRET
UN CLOWN	UN PARC D'ATTRACTION	L'ARRIVÉE D'EXTRATERRESTRES SUR TERRE
UNE FÉE	UNE BIBLIOTHÈQUE	LA DÉCOUVERTE D'UNE NOUVELLE COULEUR
UNE DANSEUSE	UNE FORÊT	LA RENCONTRE AVEC UN CHAT QUI PARLE
UNE EXPLORATRICE	UN TEMPLE SACRÉ	UNE IMMENSE COUPURE DE COURANT
UNE CHEFFE D'ENTREPRISE	UN ESPACE DE COWORKING	

LE MOOD TRACKER DE L'ÉTÉ

Juin

Coloriez chaque dessin selon votre mood du jour, avec les couleurs de votre choix !

Juillet

Août

CANCER

LA MAMMA DU ZODIAQUE

L'entrée dans la saison Cancer donne la parole au premier signe d'eau. La course sur la piste du zodiaque se fait plus fluide. Le Cancer épouse les courbes de la vie avec empathie et douceur. L'étape Cancer est consacrée à la reconnaissance et la consolidation de ses racines, à la construction de sa sécurité affective pour développer l'autonomie. À l'étape Cancer, il est nécessaire d'identifier ses besoins, de trouver ses ressources intérieures et de les combler pour éviter de tomber dans la dépendance affective. La botte secrète du Cancer pour briller de jour comme de nuit ? L'imagination !

JE SUIS ASCENDANT CANCER

J'entre dans la grande aventure de la vie les bras et le cœur grands ouverts. Ma sensibilité XXL capte la moindre variation émotionnelle de mon environnement. J'y réponds avec une profonde empathie. Prête à tout pour protéger mes proches, pour créer le cocon le plus doux et agréable pour accueillir ma « famille », celle du sang comme celle du cœur.

QUEL EST MON ÉTAT ÉMOTIONNEL EN CE MOMENT ?

DE QUOI AI-JE BESOIN POUR ME SENTIR EN SÉCURITÉ ?

DANS QUEL DOMAINE MON IMAGINAIRE, MA SENSIBILITÉ SONT-ILS LE PLUS DÉVELOPPÉS ?

Tirage du Cancer

CRÉER SON ESPACE SACRÉ

Le Cancer est le signe qui chérit le plus son intimité. Le petit crabe a besoin d'un « espace à lui », que ce soit sa maison, son bureau, sa chambre ou ses paysages imaginaires.

La méditation est la pratique idéale pour se ressourcer, développer un espace où tout est possible, où l'imagination XXL du Cancer peut se déployer sans limite et créer un espace intime et protégé.

Une des techniques les plus intéressantes et rassurantes quand on débute dans la pratique de la méditation et même quand celle-ci s'est transformée en routine, est de se créer un espace sacré.

Cet espace est une sorte de sas de décompression, d'apaisement avant de basculer dans la méditation à proprement parler.

COMMENT FAIRE ?

Deux options s'offrent à vous.

- **La plus simple** est de choisir un lieu naturel que vous connaissez, qui vous touche, vous apaise. Dans ce cas, chaque fois que vous commencez à méditer, projetez-vous dans ce lieu. Prenez le temps qu'il vous faut pour profiter de cet environnement connu et rassurant avant de laisser votre esprit s'échapper ailleurs.
- **La seconde** option est de créer de toute pièce cet espace en jouant avec l'imaginaire foisonnant du Cancer. Comment ?
  - **Le dessin.** Sortez vos crayons de couleur ou vos pinceaux et dessinez votre espace.
  - **La photo.** Vous êtes en vacances dans un lieu de rêve ? Photographiez les lieux qui vous inspirent.
  - **Le collage.** Vous manquez d'idées, d'inspiration ? Direction Pinterest, partez en balade sur le réseau social des belles images pour trouver des idées, des lieux magiques, des endroits incroyables. Quand vous feuilletez un magazine à la plage, sélectionnez des images qui vous inspirent. De retour à la maison, faites un collage avec vos images, photos et même éléments naturels glanés dans la nature.

REPRÉSENTEZ VOTRE ESPACE SACRÉ CI-DESSOUS

ACTIVER SON ESPACE SACRÉ

Vous avez trouvé, imaginé, créé votre espace sacré sur papier ou dans votre tête.

Installez-vous dans un endroit tranquille, à un moment où vous êtes calme et où vous ne serez pas dérangée. Dans un transat, en tailleur sur un coussin, fermez les yeux, prenez trois grandes inspirations.

Visualisez l'espace sacré que vous vous êtes choisi. Explorez-le, prenez le temps de le visiter. Peut-être qu'il est en train de changer, que de nouveaux éléments apparaissent : laissez-le évoluer.

Poursuivez la méditation ou restez-en là pour la première fois.

Chaque fois que vous méditez, entrez dans ce lieu. Vous pouvez y rester ou vous laisser guider ailleurs. Quand la méditation s'achève, revenez dans ce lieu pour remercier et clore ce moment.

LION

L'ART D'ÊTRE SOI

L'entrée en scène du Lion marque un point d'orgue dans l'année astrologique. Le Soleil entre dans son signe. C'est le cœur de l'été, le moment de l'année où un pic d'énergie et de créativité s'installe. C'est le moment de s'exprimer, de revoir à la hausse ses ambitions en visant la plus haute marche du podium. Jouez le jeu, montrez-vous, affichez vos talents, endossez le rôle de votre vie. En phase Lion, on rayonne, on se donne les moyens de réussir, d'aimer en version XXL. On se met en scène sans fausse pudeur en assumant son pouvoir.

JE SUIS ASCENDANT LION

Je fais mon entrée dans le monde avec panache. Mes rêves et mes attentes sont immenses. Je ne supporte ni la médiocrité ni l'échec. Il m'arrive de surjouer mon personnage mais je travaille comme une dingue pour accomplir ma mission : être la meilleure. Mais derrière cette quête de performance, je suis la générosité même, prête à redonner ce que j'ai gagné de haute lutte.

Tirage du Lion

DANS QUEL DOMAINE SUIS-JE LA PLUS BRILLANTE CET ÉTÉ ?

QUEL MESSAGE SOUHAITE M'ENVOYER MON ENFANT INTÉRIEURE ?

COMMENT PUIS-JE DAVANTAGE EXPRIMER MA SOUVE-RAINETÉ ?

TEST

QUELLE SUPER LIONNE ÊTES-VOUS ?

Vous êtes invitée à la « Fête de l'Été ». Quel plan mettez-vous en place pour attirer les regards et créer le maximum de contacts ?

■ Vous passez la journée à mixer les pièces culte de votre vestiaire avec quelques nouvelles pépites dénichées sur un marché de créateur ou dans la boutique chic de votre lieu de vacances.

● Vous préparez un coup d'éclat percutant pour faire passer un message autour d'une cause qui vous passionne.

★ Vous travaillez votre démarche, votre diction, votre look avec une initiée des rendez-vous mondains du coin pour être au top en toutes circonstances.

◆ Vous répétez une ou deux chorés bluffantes pour attirer tous les regards sur le dancefloor.

Vous êtes promue à un nouveau poste à responsabilités. Comment vous préparez-vous ?

◆ Vous écrivez plusieurs scénarios originaux pour bousculer et booster la créativité de votre équipe.

■ Vous faites appel à un *personal shopper* pour revoir de fond en comble votre look et vous créer un style unique et percutant.

● Vous préparez une batterie d'arguments, une feuille de route béton pour faire passer vos idées et diffuser vos valeurs au sein de votre nouvelle équipe.

★ Vous travaillez avec un coach pour bosser votre confiance, votre communication et votre stratégie.

Vous êtes invitée à faire une présentation de type TED pour parler de votre activité, d'un combat ou d'une passion :

★ Vous prenez un cours de *media training* pour être capable de diffuser votre message avec le plus d'efficacité et d'impact possible.

◆ Vous notez quelques idées sur un papier. Vous faites une méditation juste avant de monter en scène pour vous connecter à votre être profond. Puis vous laissez couler le flot de votre créativité et de votre être lors de ce talk.

● Vous potassez comme une folle votre sujet en vérifiant chaque détail, en préparant des punchlines, tout en peaufinant la forme pour mettre en valeur le fond.

■ Vous travaillez votre présentation sous toutes ses coutures : look hyper pointu, esthétisme des visuels de votre PowerPoint, typo, etc. Plein pot sur l'identité visuelle.

Vous avez retrouvé la lampe magique d'Aladdin. Miracle, le bon génie est toujours à l'intérieur. Quel vœu professionnel voulez-vous qu'il réalise pour vous ?

◆ Pouvoir exprimer tous vos talents dans votre travail, qu'il soit artistique ou non.

★ Être reconnue comme la meilleure dans votre domaine d'activité.

● Avoir un job qui ait du sens et vous permette d'être utile à la société.

■ Travailler dans un domaine artistique et créatif.

Dans quel domaine aimeriez-vous avoir du talent ?

■ Dans le milieu de la mode.

★ Dans le monde des médias et de l'influence.

● Dans la vie publique ou politique pour défendre vos valeurs.

◆ Dans le showbiz et les affaires.

Vous avez un maximum de ◆, vous incarnez votre part Lion en mode pop star, comme Jennifer Lopez.
Touche-à-tout, multi-talents, votre créativité s'exprime dans plusieurs domaines à la fois. Vous avez un faible pour l'expression artistique mais vous avez aussi l'âme d'une femme d'affaires qui possède l'art et la manière de transformer en or et en succès tout ce qu'elle touche. Au-delà de vos talents, vous rêvez de faire de votre nom une marque, une référence.

Vous avez un maximum de ●, vous incarnez votre part Lion en mode militante et féministe, comme Gisèle Halimi.
Vous mettez tout votre talent, votre charisme, votre pouvoir de séduction et de conviction pour défendre les causes qui vous tiennent à cœur et en particulier la cause féministe. Battante, audacieuse, vous prenez tous les risques pour remporter vos combats.

Vous avez un maximum de ★, vous incarnez votre part Lion en mode royal, comme Meghan de Sussex.
Vous avez gravi une à une les marches de la gloire et de la reconnaissance. Arrivée au sommet, vous continuez le combat, car vous avez l'impression d'être toujours une intruse. Vous travaillez comme une folle pour acquérir les codes tout en imposant votre style.

Vous avez un maximum de ■, vous incarnez votre part Lion en mode reine du style, comme Coco Chanel.
Votre talent ? Le style, l'esthétisme, l'allure, la mode : vous avez l'art et la manière de vous créer un univers personnel qui matche avec l'époque et sans être ennuyeux devient un classique que tout le monde adore.

LE MUR DE VOS RÉUSSITES

Parce qu'une Lionne n'a pas peur d'afficher ses succès. Cela fait partie de son ADN. Endossez la cape de la super Lionne pour créer le mur de vos réussites.

VIERGE

LA QUÊTE DE LA PERFECTION

Arrivée à cette étape de la course du Soleil sur le zodiaque, la Vierge boucle la première partie de son cycle. C'est un signe de transition. Désormais, la mission des prochains signes est de se tourner vers les autres, de lâcher la construction de l'ego pour partager, se réaliser, s'intégrer dans la vie sociale. La Vierge vérifie tous les derniers détails, peaufine ce passage pour faire son entrée dans le monde autonome et en pleine conscience. C'est un signe de précision, de dévotion, de service. À l'étape de la Vierge, on se perfectionne, on développe son discernement. On épure, on commence à lâcher une part de son ego pour entrer dans l'altérité.

JE SUIS ASCENDANT VIERGE

J'arrive à la grande roue de la vie sur la pointe des pieds. Discrète, réservée, pudique, je n'aime pas être le centre de l'attention. Ma mission ? Être à ma place, au service des causes ou des personnes que j'aime. Je recherche la perfection, la justesse, l'efficacité. Je suis prête à tous les sacrifices, les renoncements pour atteindre cet idéal. Ma qualité ? Le discernement, cette merveilleuse capacité à faire le tri, épurer pour ne garder que le meilleur à un instant T.

DANS QUEL DOMAINE DOIS-JE RALENTIR ET ARRÊTER DE STRESSER ?

OÙ SUIS-JE LE PLUS UTILE CET ÉTÉ ?

DANS QUEL SECTEUR DE VIE MES COMPÉTENCES VONT-ELLES SE RÉVÉLER ?

Tirage de la Vierge

LA TROUSSE DE GUÉRISSEUSE DE LA VIERGE

Parmi les douze signes du zodiaque, la Vierge est l'être le plus doué pour soigner, guérir et accompagner. Elle maîtrise l'art de la guérison. Quels que soient ses outils, elle a ce don unique pour réunir corps et esprit. Elle s'applique à réparer et à assister avec une grande modestie mais un talent infini.

Trouvez dans cette grille de mots mêlés les remèdes « magiques » de la Vierge :

APAISEMENT	LÂCHER-PRISE
CONCENTRATION	LAVANDE
DÉMÉTER	PÉRIDOT
DISCRÉTION	OURS
HERMITE	RÉCOLTE
INTROSPECTION	ROCKWATER

Y	U	M	H	G	T	L	B	O	O	O	R	R	L	C
T	N	E	M	E	S	I	A	P	A	E	C	A	B	O
K	D	R	D	D	Y	C	E	A	C	T	V	D	E	N
W	P	H	E	S	I	S	U	O	T	A	E	E	T	C
L	U	E	L	T	I	S	L	F	N	K	R	M	C	E
N	Z	A	R	R	A	T	C	D	C	W	Q	E	A	N
I	Z	C	P	I	E	W	E	R	D	V	E	T	P	T
O	U	R	S	U	D	V	K	B	E	C	G	E	B	R
Z	V	P	H	X	V	O	C	C	U	T	L	R	H	A
O	T	G	A	G	L	J	T	C	O	H	I	B	G	T
R	U	V	W	L	A	X	J	S	V	R	V	O	Y	I
I	N	T	R	O	S	P	E	C	T	I	O	N	N	O
E	T	I	M	R	E	H	U	K	C	T	C	T	A	N
B	H	C	E	S	I	R	P	R	E	H	C	A	L	G
F	V	P	P	M	U	L	T	Q	M	E	T	I	J	J

Solution p. 74.

• **Sa pierre de naissance** : le péridot, qui régule la nervosité émotionnelle, développe l'analyse, la concentration et l'intégrité.

• **Son huile essentielle** : la lavande, véritable couteau suisse. Cette huile essentielle prépare le terrain à de nombreuses guérisons. Elle apaise les nerfs, calme les angoisses, réconforte et favorise l'endormissement.

• **Sa fleur de Bach** : la Rock Water. Atteindre la perfection est un objectif de la Vierge, à condition de rester dans les limites du possible. En voulant tout contrôler, elle se coupe de ses émotions, le mental prend toute la place et décide de tout. Cette fleur de Bach aide à « lâcher » pour instaurer plus de fluidité. Son message : « Je lâche prise et j'accepte de ne pas être parfait.e. »

• **Son animal totem** : l'ours. Dans l'astrologie amérindienne, l'ours est l'animal totem des personnes nées lors de la Lune de la moisson, soit la dernière lune de l'été. Il incarne leurs dons tels que l'ardeur au travail, la droiture, la précision, la discrétion, la modestie, l'analyse.

• **Sa déesse** : Déméter. De toutes les déesses « semeuses et récolteuses », Déméter est celle qui inspire le plus la Vierge. Elle incarne l'archétype de la Grande Mère initiée aux mystères des cycles et des saisons.

• **Sa lame de Tarot** : L'hermite. Cette lame exprime les bienfaits du silence, de l'étude, de la quête de savoir. Elle ouvre un espace pour l'étude, le retour sur soi, l'intégration et l'expression de son autorité intérieure.

3 mudras pour la Vierge

En sanscrit, *mudra* signifie « sceau » ou « sceller ». Il s'agit d'un geste effectué à partir d'une position codifiée d'une ou des deux mains. En yoga, l'exécution d'une mudra intervient après l'accomplissement d'une posture et de sa respiration. Elle vise à sceller le souffle à l'intérieur du corps et le protège. Cette posture des mains peut être aussi réalisée seule, avant ou après une méditation, lors d'un rituel.

Shuni mudra

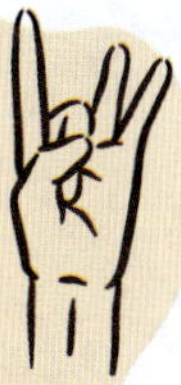

Cette mudra calme le mental, développe une écoute intérieure juste et subtile. L'espace créé entre le pouce et le majeur invite à ressentir le monde plutôt qu'à le comprendre. Lors d'une méditation, réalisez cette mudra les yeux fermés en vous concentrant sur votre respiration.

Padma mudra

Aussi appelée mudra du Lotus, cette mudra nous invite à explorer notre part d'ombre pour trouver la lumière en soi ainsi que notre nature profonde. Réalisez cette mudra lors d'une méditation en plaçant les mains devant le cœur.

Anjali mudra

En sanskrit, Anjali signifie « offrir » ou « salutation ». Il s'agit d'une mudra de gratitude. Elle est très utilisée, en particulier en fin de pratique de yoga ou de méditation. Les deux mains sont jointes en prière, paume contre paume, les doigts tendus.

LE YOGA DE L'ÉTÉ

QUELLE POSITION POUR SE DÉTENDRE EN FONCTION DE SON SIGNE SOLAIRE?

BÉLIER

Le Dragon

Régule les émotions comme la colère, l'impulsivité.

GÉMEAUX

L'Enfant

Apaise le mental, soulage le système nerveux.

TAUREAU

Le Chat

La Vache

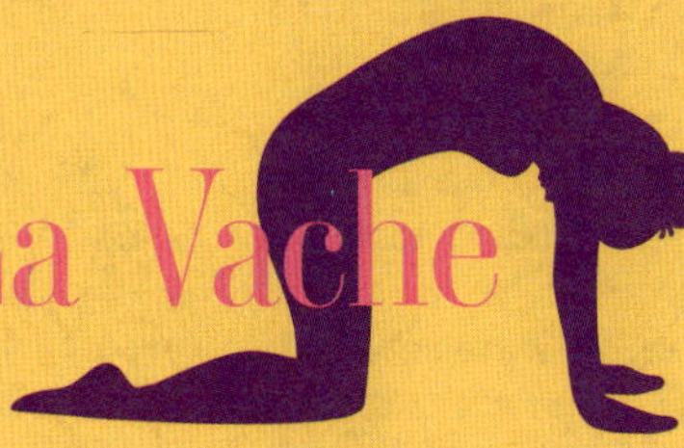

Recentre.

CANCER

Le Sphinx

Renforce la sécurité et la joie intérieure.

Le Papillon

LION

Calme le mental
et éveille l'être.

Le Cobra

VIERGE

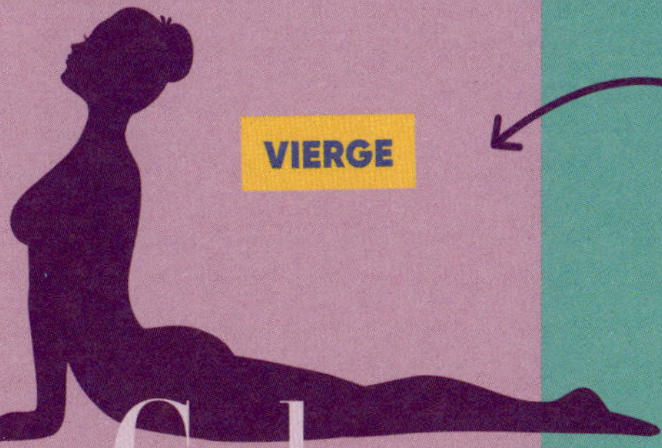

Dissout les tensions et
les nœuds émotionnels.

Le Bateau

BALANCE

Équilibre le corps et l'esprit.

La Guirlande

SCORPION

Canalise l'attention.

La Montagne

CAPRICORNE

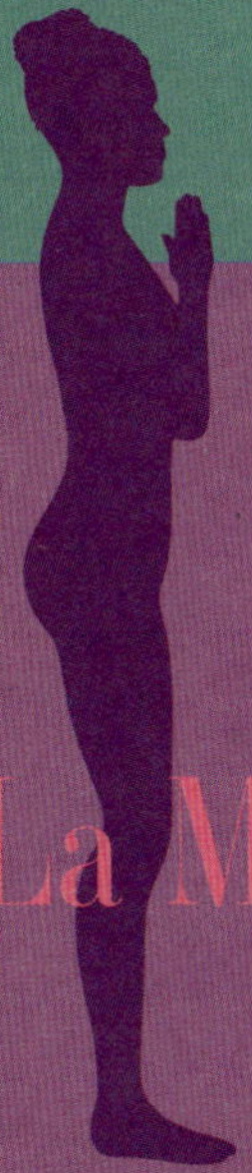

Réveille la joie.

La Libellule

SAGITTAIRE

Pour aller de l'avant en
restant dans le moment
présent.

Le Chien tête-en-bas

VERSEAU

Stimule l'intuition.

La Chaise

POISSONS

Harmonise le cœur,
le corps et l'esprit.

BALANCE

LES MYSTÈRES DE L'AMOUR

Quand le Soleil arrive en Balance, il a déjà rempli la moitié de sa mission : construire une identité, un moi solide et structuré. La Balance est le signe de la rencontre, qu'elle soit amoureuse, professionnelle, amicale ou spirituelle. Vénus, la déesse de l'amour et de la beauté, guide ses pas. Elle tisse des liens, construit le socle de la confiance pour entrer dans le partage et trouver sa place dans le monde. À l'écoute de tous les points de vue, elle construit des consensus, rétablit la justice, l'harmonie et l'équilibre. En phase Balance, on tombe amoureux, on aime, on coopère, on s'engage.

JE SUIS ASCENDANT BALANCE

J'arrive au monde avec une folle envie de séduire et d'aimer. Avec le soutien sans faille de Vénus, je place l'élégance, l'harmonie, la justice au sommet de mon échelle de valeurs. Il m'arrive de faire des concessions qui me coûtent par peur de déplaire. C'est un aspect de ma personnalité que je dois surveiller et corriger quand les conséquences sont trop lourdes.

OÙ EN SUIS-JE DANS MES RELATIONS PERSONNELLES OU AMOUREUSES ?

COMMENT PUIS-JE APPORTER DAVANTAGE DE BEAUTÉ ET D'HARMONIE DANS MA VIE ?

DANS QUEL DOMAINE AI-JE LE PLUS BESOIN DE FAIRE LA PAIX ?

Le tirage Balance

CRÉER UN MANDALA
POUR CAPTER LA MAGIE BALANCE

Le mandala, ce motif circulaire universel, signifie « cercle », « centre » en sanskrit. De l'Asie en passant par l'Europe ou l'Afrique, cette figure géométrique dessinée, tracée à même le sol, construite à partir d'éléments de la nature est un support spirituel et rituel dans de nombreuses cultures et religions. Aujourd'hui, le mandala est utilisé comme support créatif et psychologique.
Carl Gustav Jung, le célèbre psychiatre suisse, est le premier médecin à l'avoir utilisé comme outil thérapeutique. Dessiner, observer, colorier un mandala permet de se connecter à soi, de se centrer et d'explorer la notion d'équilibre. Tellement Balance ! Pendant qu'on dessine ou colorie un mandala, l'esprit s'apaise, se recentre. On projette hors de soi ses émotions. Les motifs créés, les couleurs expriment notre état intérieur à un instant T.

Matériel

- Des feuilles de papier
- Un compas
- Une règle
- Un crayon à papier
- Une gomme
- Des crayons de couleur, des feutres

Comment créer un mandala ?

Réalisation

- Tracez un grand cercle dans la page à l'aide du compas.
- Puis en partant du centre jusqu'en haut de votre mandala, tracez des lignes plus ou moins espacées à l'aide de la règle.
- Reprenez le compas pour tracer des cercles concentriques en partant du centre, de plus en plus grands.
- Commencez à dessiner un motif dans le premier cercle en partant du centre et remontez progressivement.
- N'ayez pas peur de vous tromper, on peut toujours rattraper en coloriant une surface ou en la hachurant.

Pour vous guider dans vos premiers pas, voici un modèle à terminer et à colorier avant de vous lancer dans votre propre mandala !

♏

SCORPION

L'ART DE LA TRANSFORMATION

Le Scorpion reprend le flambeau de la Balance pour plonger dans les profondeurs des mondes invisibles. Sa mission ? Sortir du compromis et de la séduction consensuelle pour basculer en mode passion. Le huitième signe du zodiaque est le lieu de la prise de risque, des expériences limites, de la descente dans notre chaudron intérieur. Le Scorpion explore les profondeurs de la psyché humaine, ses trésors comme ses ombres. Le but ? Transformer notre plomb en or, sortir plus fort.e des crises, travailler la lucidité pour dire adieu à ce qui doit partir.

JE SUIS ASCENDANT SCORPION

J'entre dans le monde avec détermination, dotée d'un sixième sens puissant. Cette intuition me permet de voir ce qui se cache derrière le voile des séductions, de percer les mystères des ombres, des passions humaines. On me décrit comme un être mystérieux, tourmenté. C'est en partie vrai car j'ai accès à des prises conscience qui font peur à certain.e.s. Je suis l'alchimiste, le phénix du zodiaque qui survit à toutes les crises.

QU'EST-CE QUI EST EN TRAIN DE CHANGER ET DE SE TRANSFORMER EN MOI ?

DANS QUEL DOMAINE DE MA VIE DOIS-JE FAIRE LA LUMIÈRE, AVOIR DES PRISES DE CONSCIENCE ?

QUELLES SONT LA OU LES PEURS QUI M'EMPÊCHENT D'AVANCER ?

Tirage du Scorpion

Découvrez l'art du cryptogramme, une spécialité made in Scorpion

Vous n'êtes pas Scorpion ? Pas grave, personne n'est parfait. Pour se connecter avec votre énergie Scorpion, voici un jeu qui active les qualités d'enquêtrice de l'ombre et de roi ou reine des mystères : le cryptogramme.
Le but ? Décoder un message, une citation grâce à un code secret.
Voici quatre citations de Scorpions célèbres, chacune d'entre elles exprime à merveille le cœur de la personnalité Scorpion, sa vision du monde.

Citation n° 1

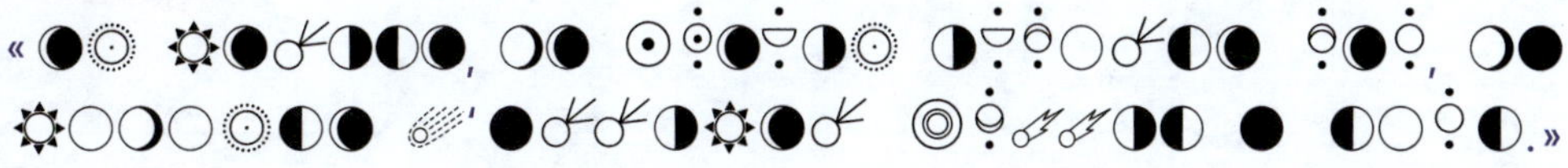

Albert Camus

Citation n° 2

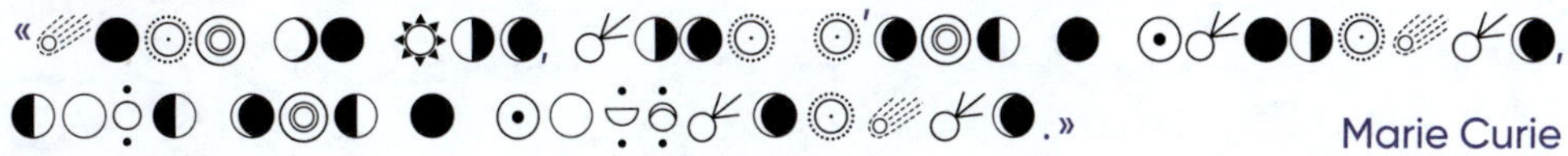

Marie Curie

Citation n° 3

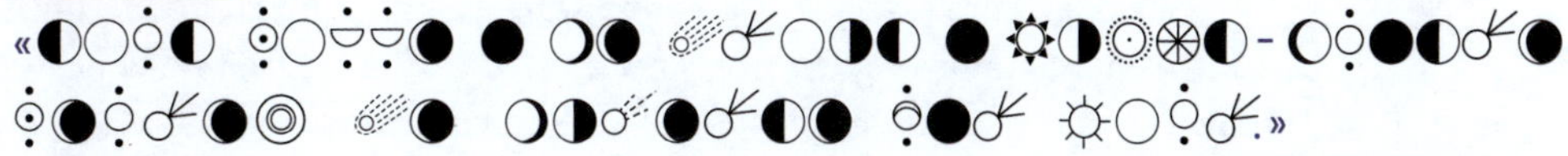

René Magritte

Citation n° 4

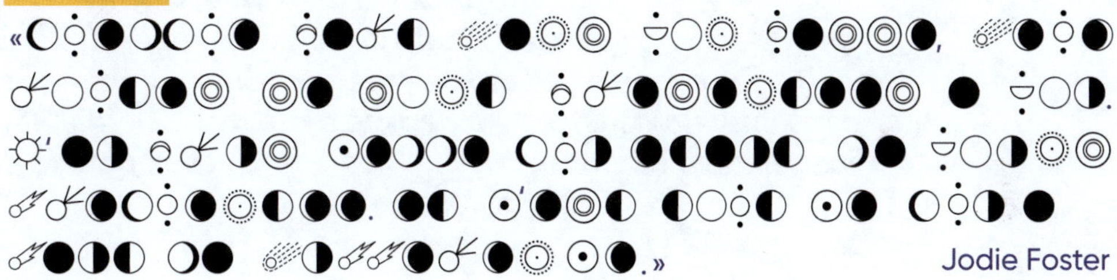

Jodie Foster

Solutions p. 74.

LECTURE DE SCORPION, À LA PLAGE OU PAS !

1 classique : *Crime et châtiment*, Fiodor Dostoïevski.
Les tourments d'un jeune étudiant devenu meurtrier car il se sent révolté contre les injustices et contaminé par la violence de la société russe du XIXe siècle.

1 BD pour les kids : *Mortelle Adèle, Un talent monstre !* (Tome 6), Mr Tan et Prickly Miss.
Adèle, l'héroïne poil à gratter de la littérature jeunesse, a enfin réussi à créer un zombie. Mais tout ne se passe pas comme prévu...

1 BD pour adultes : *Au cœur du grand voyage. Et si la mort n'était qu'un passage ?* Alexandra Celerault et Steffi.
Un récit initiatique qui parle de la vie après la vie, pour ne plus avoir peur de la mort. Un sujet tellement Scorpion !

1 roman fantastique : *Les Sorcières de la République*, Chloé Delaume. Que s'est-il passé entre 2017 et 2020 ? L'amnésie collective a été votée par un grand référendum appelé le Grand Blanc après l'arrivée au pouvoir du Parti du Cercle, une émanation d'un parti féministe.

1 polar : *L'Armée furieuse*, Fred Vargas.
Une vieille légende qui raconte une chevauchée nocturne fantastique menée par des fantômes, voilà à quoi s'attaque le commissaire Adamsberg en plein bocage normand.

1 classique contemporain : *Mudwoman*, Joyce Carol Oates.
La résurrection et la revanche d'une enfant abandonnée dans la boue par une mère démente, puis devenue présidente d'université.

SAGITTAIRE

L'OPTIMISTE

Le Sagittaire est le neuvième signe à faire son entrée sur la roue du zodiaque. Sans attendre, il se lance dans la course, son arc brandi vers la ligne d'arrivée, concentré sur l'objectif qu'il s'est fixé. L'arrivée du Soleil en Sagittaire signe le retour à la lumière après le voyage du Scorpion dans le chaudron de nos profondeurs. Riche de cette expérience, le Sagittaire transmet ses connaissances, enseigne la sagesse qu'il a acquise. Il ouvre grand ses yeux et ses oreilles pour s'imprégner de la beauté du monde. Sa curiosité n'a pas de frontières. Par l'esprit ou avec son sac à dos, il part en voyage pour découvrir et s'imprégner des richesses culturelles et humaines qu'il rencontre.

JE SUIS ASCENDANT SAGITTAIRE

J'entre dans la grande roue de la vie avec une envie folle d'explorer le monde, ses cultures, ses savoirs, ses habitants. Concentré sur les objectifs que je me fixe régulièrement, je déploie toute mon énergie et mon intelligence pour défendre les causes qui me tiennent à cœur, pour rétablir la justice et diffuser la connaissance.

QUELLES SONT MES PRISES DE CONSCIENCE DEPUIS LE DÉBUT DE L'ANNÉE ?

DANS QUEL DOMAINE DOIS-JE MODÉRER MES ENVIES AFIN DE NE PAS PRENDRE DE RISQUES INCONSIDÉRÉS ?

QU'EST-CE QUE J'AI ENVIE D'EXPLORER CET ÉTÉ ?

Tirage du Sagittaire

Découvrir sa mission de vie grâce à l'Ikigaï

Le Sagittaire est le signe qui sait mieux que quiconque se fixer un but, un idéal à atteindre. Il se projette volontiers dans l'avenir pour construire son projet, pour réaliser un rêve en phase avec ses valeurs.

Au Japon, le concept d'Ikigaï correspond à la notion de mission de vie. Cette méthode pour découvrir sa vocation en croisant différentes questions est l'outil qui répond le mieux aux aspirations du Sagittaire. *Let's go !*

COMMENT ÇA MARCHE ?

Il s'agit de répondre à 4 questions dans 4 cercles qui s'entrecroisent. Le but de ce schéma est de croiser les réponses à ces 4 questions pour révéler les piliers de sa mission de vie. Ceux-ci passent par la connaissance de ses talents, ses envies, ses principes et ses aspirations professionnelles.

Notez dans les cercles du schéma ci-dessous les réponses à ces 4 questions :

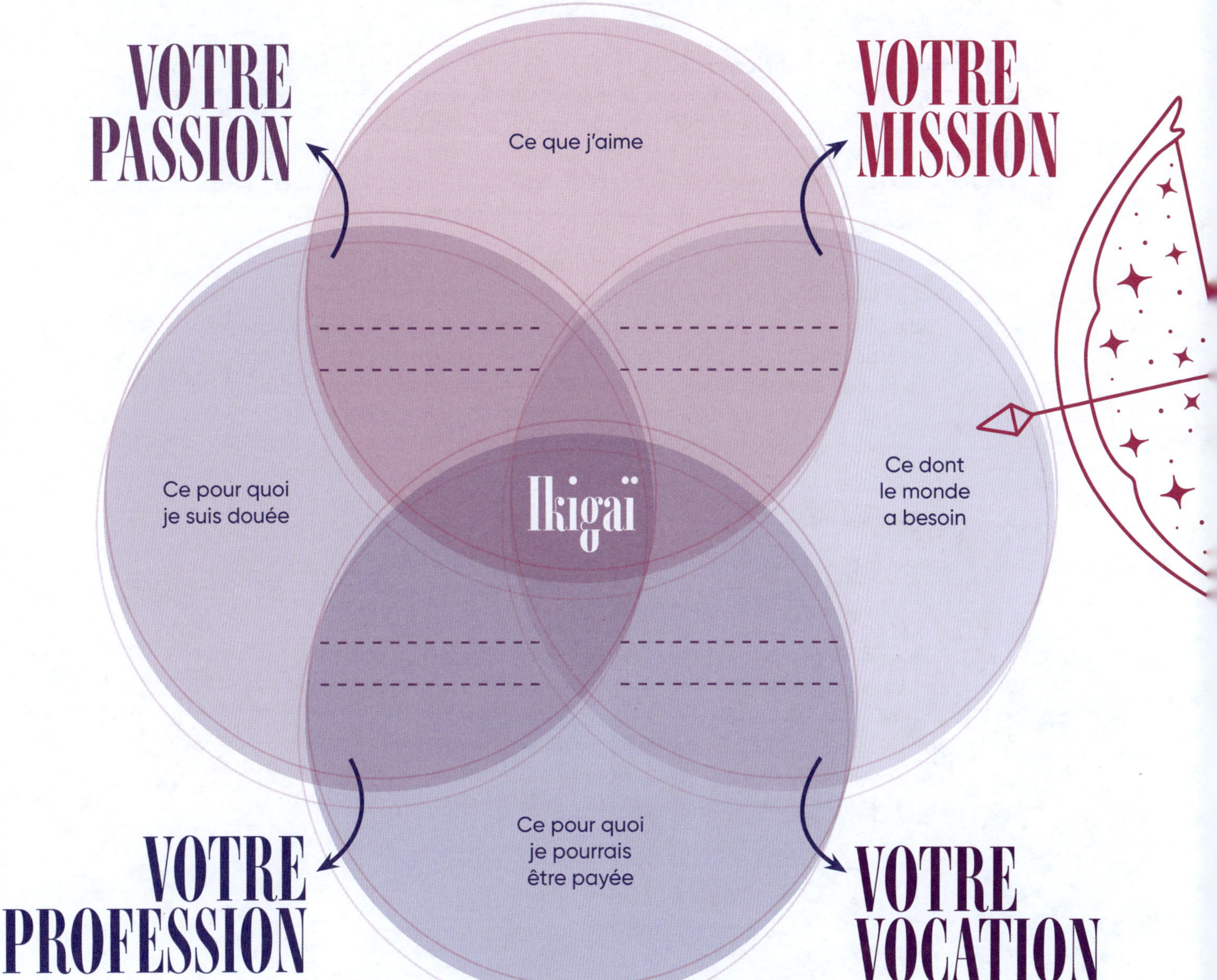

Notez dans les cases indiquées par une flèche
le mot qui rassemble le mieux les deux notions croisées.

CAPRICORNE

LE SAGE

Le Capricorne entame le dixième relais de la course du Soleil sur la roue du zodiaque. Il prend la suite du Sagittaire dans le calme avec assurance et sagesse. Responsable, mature, le Capricorne est l'un des signes les plus endurants et fidèles du zodiaque. Il fait son devoir, prend ses responsabilités et les assume jusqu'au bout sans ménager ses efforts. Porté par l'énergie du Capricorne, on construit, on hausse d'un cran ses ambitions. On assume ses choix, on s'emploie à conserver et à consolider ses acquis. C'est l'étape la plus mature de l'épopée zodiacale.

JE SUIS ASCENDANT CAPRICORNE

J'entre avec détermination mais sans précipitation dans la vie. Très vite, je me sens responsable et mature. À tel point qu'il m'arrive de me sentir seule et pas toujours en phase avec les personnes de ma génération. Plus le temps passe, plus les expériences s'enchaînent, plus je me sens bien avec moi-même et capable d'incarner mes ambitions dans le monde.

QUEL CONSEIL PEUT ME DONNER CET ORACLE POUR PRENDRE DU TEMPS POUR MOI ?

QUE PEUVENT M'APPORTER LES MOMENTS DE SILENCE ET DE SOLITUDE DANS MA VIE DE TOUS LES JOURS ?

DANS QUEL DOMAINE PUIS-JE ME MONTRER PLUS PATIENT.E ET PERSÉVÉRANTE ?

Tirage du Capricorne

L'ordonnance lithothérapie du Capricorne

Dernier signe de Terre, le Capricorne a un rapport intime et puissant avec le règne minéral. Il entre facilement en connexion avec ces éléments naturels qui se sont façonnés, polis aux cours de millions d'années. Ce rapport au temps long matche à merveille avec son tempérament patient et persévérant.

Retrouvez les noms de ces cinq pierres très utiles pour accompagner les Capricornes, en remettant les lettres dans l'ordre.

1. TUNEAVENRI

Ses propriétés : Cette pierre vous connecte à l'abondance et à la chance. Elle apporte de la bienveillance et aide à la décision. Elle ouvre aussi la voie du cœur, un chemin parfois difficile à emprunter pour le Capricorne.

2. XNOY

Ses propriétés : Elle est considérée comme sa pierre de naissance. Elle favorise la stabilité, le sens des réalités et des responsabilités. Elle renforce la confiance en l'avenir, la résistance physique et le centrage émotionnel.

3. CÉLACIEODN

Ses propriétés : Cette pierre booste les qualités du Capricorne en nourrissant sa réflexion. Elle stabilise la vie amoureuse, favorise le calme, adoucit les relations et les communications en chassant le stress et l'inquiétude.

4. TELILEIPDO

Ses propriétés : C'est une pierre « garde du corps » qui offre un filet de sécurité en toutes circonstances. Elle apporte du réconfort dans les temps difficiles et chasse la peur de l'inconnu.

5. LETISENE

Ses propriétés : Elle déploie un bouclier protecteur pour mieux libérer l'expression des émotions, le point faible du Capricorne. Elle booste l'intuition, réveille les fréquences intimes et dissout les empreintes mémorielles difficiles.

COMMENT UTILISER ET NETTOYER SES PIERRES ?

- En la portant sur soi sous forme de bijou ou lors d'une méditation, en la posant sur une partie du corps.
- En les posant dans une pièce liée à une activité qui peut avoir besoin des propriétés de la pierre. Exemple : une pierre qui aide à la décision, liée à l'abondance peut être mise sur son bureau pour accompagner un projet professionnel.
- En la portant comme gri-gri dans son sac, un pochon ou dans sa poche.
- Pensez à régulièrement nettoyer et purifier vos pierres. Attention, certaines pierres ne supportent pas l'eau (les pierres bleues pour la plupart). On peut les purifier dans du sel en les mettant dans un tissu posé sur une coupelle de sel. On peut aussi utiliser un bâton de sauge ou d'encens.

Réponses : 1. aventurine / 2. onyx / 3. calcédoine / 4. lépidolite / 5. sélénite.

VERSEAU

LE VISIONNAIRE

Aussitôt saisi, le Verseau se débarrasse du bâton de relais transmis par le Capricorne. Il le remercie pour son travail et s'empresse de dresser la feuille de route d'un nouveau monde. Le Verseau est le signe du changement et de l'innovation. Dernier signe d'air à entrer en scène, le Verseau est le signe le plus connecté au futur et il mise tout sur le mental. Gare à la surchauffe ! En phase Verseau, on se libère des vieux schémas de pensée, des contraintes et des limites. On prend son indépendance, on cultive son autonomie, on protège sa liberté et celle des autres. On s'engage, on milite, on crée, on invente un nouveau monde.

JE SUIS ASCENDANT VERSEAU

J'entre dans la grande danse de la vie avec la folle envie de tout changer, d'apporter ma signature et ma vision du monde. Je n'hésite pas à faire bande à part, à contester les règles sociétales qui me semblent dépassées ou injustes. S'il le faut, je provoque, je choque, je transgresse mais pour la cause de la fraternité et du progrès.

COMMENT PUIS-JE EXPRIMER DAVANTAGE MON ORIGINALITÉ ?

COMMENT PUIS-JE ME LIBÉRER DES PEURS, DES BLOCAGES QUI ENTRAVENT MA LIBERTÉ D'ESPRIT, MON AUTONOMIE ?

QUELS SONT LES CHANGEMENTS AUXQUELS J'ASPIRE LE PLUS ?

Tirage du Verseau

LE VERSEAU, LE SIGNE DES GÉNIES CRÉATEURS

Quelle que soit la discipline, les artistes nés sous le signe du Verseau ont innové, choqué, cassé les codes, ouvert la porte à de nouvelles voies ou tout simplement défendu la liberté. Retrouvez l'artiste, l'auteur ou l'autrice associé.e à l'œuvre donnée.

LES ARTISTES DU VERSEAU

Solution p. 75.

Vertical

1. *Ravage*
2. *Vingt Mille Lieues sous les mers*
3. *Les Quatre Cents Coups*
4. *La Flûte enchantée*
7. *Ulysse*
8. *Chéri*

Horizontal

5. *Beloved*
6. *Mrs Dalloway*
9. *Alice au pays des merveilles*
10. *Balloon Dog*

POISSONS

L'AMOUR INCONDITIONNEL

Le Poissons est le dernier signe à s'élancer sur la piste. Il clôt l'année zodiacale, enrichi par toutes les expériences précédentes. Il fonctionne comme une éponge émotionnelle, il capte et rassemble toutes les énergies et les expériences du cycle. Une responsabilité énorme qui le rend vulnérable et parfois dépassé par l'ampleur de la tâche. Son but ? Ouvrir notre conscience à des champs supérieurs d'amour et de connaissance. En phase Poissons, on découvre l'amour inconditionnel, l'empathie, la compassion, le soin et le pardon. On lâche prise pour accueillir, mais attention, il est important de se protéger.

JE SUIS ASCENDANT POISSONS

J'arrive sur cette Terre décontenancée et un peu perdue. J'ai du mal à entrer dans cette vie faite de matière et de limites. J'ai et aurai toujours la nostalgie du monde des origines, avant la naissance. J'en tire d'immenses capacités à aimer, à soigner, à capter les signes de l'Univers. Mais cette ouverture m'empêche parfois d'être moi-même et de poser les limites nécessaires à ma protection.

OÙ DOIS-JE ME PROTÉGER ET POSER PLUS DE LIMITES DANS LA VIE ?

DANS QUEL DOMAINE AI-JE LE PLUS BESOIN DE LÂCHER PRISE ET DE ME LAISSER PORTER ?

COMMENT PUIS-JE NOURRIR DAVANTAGE MA VIE SPIRITUELLE ?

Le Tirage Poissons

INITIATION AU PENDULE

Le Poissons est le signe le plus médiumnique et connecté aux mystères de l'Univers. Il possède une intuition *premium*. Envie de travailler la vôtre en vous plaçant dans la peau d'un Poissons ? Testez les pouvoirs de la radiesthésie. Cet art divinatoire permet grâce à un pendule d'obtenir une réponse par oui ou non à une question.
Créez un code avec votre pendule. Exemple : s'il oscille vers la droite, la réponse est oui. S'il ne bouge pas, se stabilise, la réponse est non.
Cadeau ! Voici une carte avec une série de réponses pour vous entraîner au pendule avant de vous lancer sans support et poser vos propres questions.

CRÉER SON PENDULE

Vous n'avez pas de pendule sous la main et pas l'intention d'en acheter dans l'immédiat. Fabriquez-le !
Lors d'une balade à la plage, ramassez un joli coquillage, un galet de petite taille, un petit morceau de bois flotté ou tout autre objet qui vous inspire. Attachez celui-ci à une ficelle, et le tour est joué !

COMMENT ON S'EN SERT ?

Prenez votre pendule entre le pouce et l'index. Faites quelques tests pour affiner votre pratique et être sûre de bien communiquer avec votre pendule et de comprendre sa réponse. Puis suspendez-le au-dessus de ce cadran.

1ER EXEMPLE DE TIRAGE :

Je suspends mon pendule au-dessus du cadran et je pose la question suivante « Cher pendule, quel conseil me donnes-tu aujourd'hui ? ».

2E EXEMPLE DE TIRAGE :

Je pose une question. Je passe le pendule au-dessus du cadran. Je le laisse s'arrêter sur une case. Laissez-vous guider, vous allez sentir le moment où il doit se poser. Ensuite, vous pouvez recommencer pour demander un oui ou un non.
Exemple : Que va-t'il se passer dans ma vie amoureuse ? Le pendule s'arrête sur la case « Ça va bouger », oui ou non.

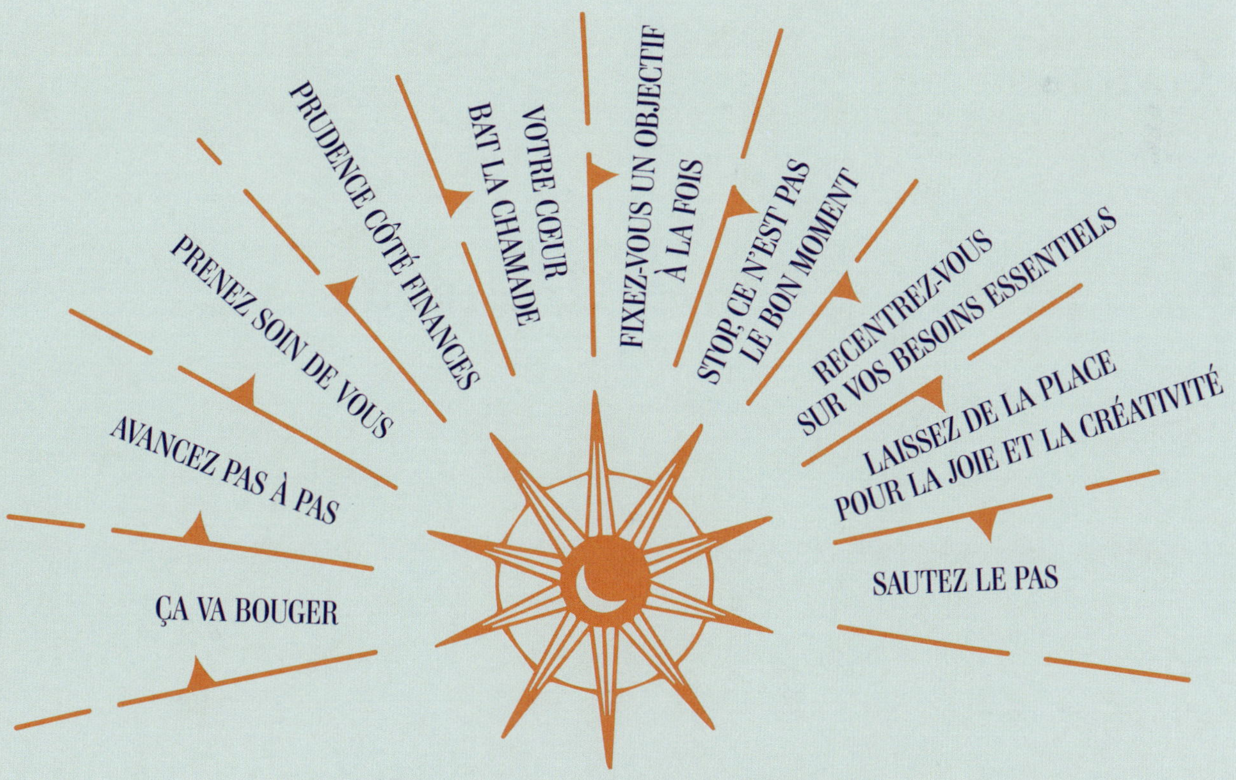

Vous pouvez aussi prendre la réponse telle qu'elle est si cela fait sens pour vous.

JEU

RELIEZ LES CONSTELLATIONS

**Reliez les points en suivant les numéros
pour former les constellations des douze signes du zodiaque !**

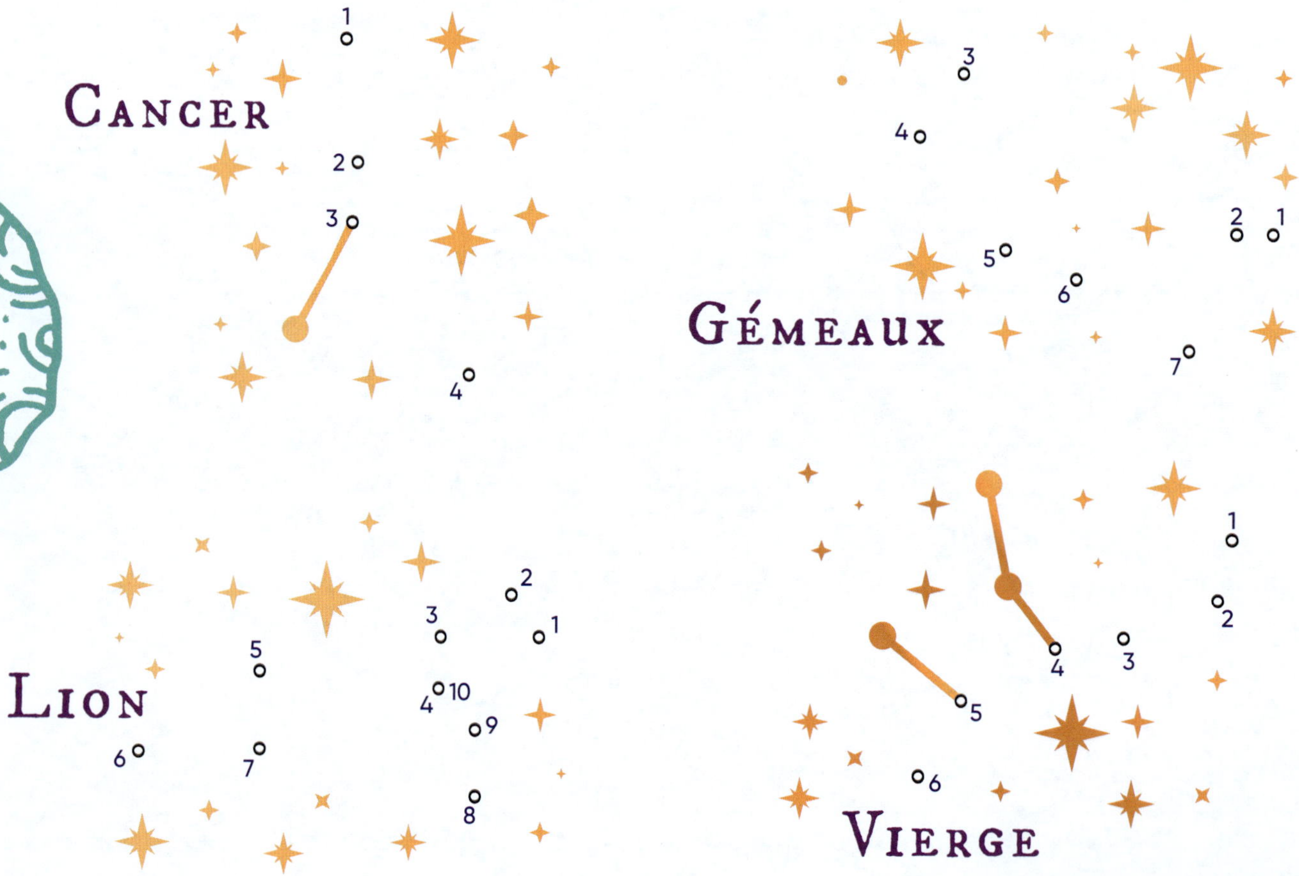

Balance

Scorpion

Sagittaire

Capricorne

Verseau

Poissons

FOCUS

ALLER PLUS LOIN

LES PLANÈTES, LES PERSONNAGES DE VOTRE BIOPIC ASTRAL

La carte du ciel est la photographie de votre ciel de naissance. Elle est composée des douze signes du zodiaque qui correspondent à douze climats ou tempéraments psychologiques. Voilà pour le décor et l'ambiance! Puis entrent en scène les personnages de votre histoire : les planètes. Le décryptage en signes (p. 14 à 41) et en maisons (p. 52) des planètes est la clé de voûte de l'interprétation du thème natal. Chaque planète incarne un personnage, un archétype inspiré par la psychologie, la mythologie du dieu ou de la déesse dont elle porte le nom. Les planètes décrivent la diversité de nos facettes psychologiques comme le rapport à l'amour, à la famille, au travail, etc. Avant de vous divertir autour des planètes, voici leurs cartes d'identité, leurs missions et leurs archétypes pour mieux entrer dans le *game*.

LE SOLEIL, LE HÉROS DE L'HISTOIRE ☉

Ses missions : l'identité, le moi, la conscience, la personnalité.

Son signe : Lion.

Sa fonction : être.

Mots-clés : expression de soi, vitalité, pouvoir, but de vie.

Le pitch solaire : le Soleil est le personnage principal de votre histoire. Il incarne la quête du héros ou de l'héroïne.

LA LUNE, LA GARDIENNE DU FÉMININ ☽

Ses missions : gestion des émotions, des sentiments, des besoins, de la mémoire, de ses rêves.

Son signe : Cancer.

Sa fonction : ressentir.

Le pitch lunaire : la Lune incarne le pouvoir du féminin, les cycles, la fécondité.

MERCURE, LE PORTE-PAROLE ☿

Ses missions : communiquer, apprendre, échanger, explorer son environnement.

Ses signes : Gémeaux et Vierge.

Sa fonction : penser.

Le pitch mercurien : Mercure est le porte-parole de votre Soleil. Sa curiosité est sans limite. Il parle et dialogue avec toutes les planètes.

MARS, LE GUERRIER ♂

Ses missions : agir, se battre, se défendre, avancer et oser.

Son signe : Bélier.

Sa fonction : agir.

Le pitch martien : Mars est le bras armé de notre histoire, celui qui se bat, se défend, donne du courage.

VÉNUS, LA SÉDUCTRICE ♀

Ses missions : aimer, s'aimer, se relier aux autres, se donner de la valeur, développer le beau, la paix et l'harmonie.

Ses signes : Taureau et Balance.

Sa fonction : aimer.

Le pitch vénusien : Vénus est la planète qui orchestre nos amours, nos goûts, notre estime de soi.

JUPITER, LE ROI ♃

Ses missions : s'étendre, s'épanouir, se développer, croire en l'avenir.

Son signe : Sagittaire.

Sa fonction : trouver sa place dans le monde.

Le pitch jupitérien : Jupiter est le leader, la force positive de croissance et d'abondance qui sommeille en moi.

SATURNE, LE VIEUX SAGE ♄

Ses missions : poser des limites, prendre en compte la réalité, être responsable et mature.

Son signe : Capricorne.

Sa fonction : construire.

Le pitch saturnien : Saturne est la part responsable et mature qui soutient et protège mon identité.

URANUS, LE RÉVOLTÉ ♅

Ses missions : libérer, éclairer, éveiller, changer les codes, innover.

Son signe : Verseau.

Sa fonction : libérer les vieux schémas pour se tourner vers l'avenir.

Le pitch uranien : Uranus est le trublion qui pointe du doigt tout ce qui est périmé. Il casse les chaînes, défend la liberté et l'indépendance.

NEPTUNE, LE MYSTIQUE ♆

Ses missions : ouvrir, dissoudre, sensibiliser, imaginer, aimer, contacter le divin.

Son signe : Poissons.

Sa fonction : se connecter à l'amour universel.

Le pitch neptunien : Neptune ouvre les barrières pour contacter sa part divine, l'amour universel et son inspiration.

PLUTON, L'ALCHIMISTE ♇

Ses missions : transformer, régénérer, trouver son pouvoir, renaître.

Son signe : Scorpion.

Sa fonction : transformer.

Le pitch plutonien : Pluton détruit ce qui doit être détruit pour reconstruire, transformer et régénérer.

EXERCICE

Comment trouver sa planète dominante ?

Parmi l'ensemble des planètes que l'on vient de décrire, certaines sont plus puissantes que d'autres dans votre thème de naissance. Tout dépend du signe où elles se trouvent et de leur géolocalisation dans le thème. Celles qui pèsent le plus dans la construction de votre psyché représentent un archétype qui symbolise la couleur de votre personnalité.

Comment trouver sa planète dominante ?

Prenez votre thème de naissance (p. 6). Concentrez votre attention sur les 4 angles de votre carte du ciel.

- À gauche, l'ascendant : l'un des marqueurs de l'identité ;
- tout en bas, le fond du ciel : le lieu de nos fondations ;
- tout à droite, le descendant : l'espace où l'on rencontre les autres ;
- tout en haut, le milieu du ciel : le lieu où l'on trouve sa place dans le monde.

Toute planète située proche ou de part et d'autre de ces 4 angles est une planète dominante. Si vous n'avez pas de planète proche d'un angle, regardez leur position en signe. Toute planète a un domicile et un autre signe où ses talents sont décuplés. Dès qu'une planète est dans son domicile (son lieu de résidence) ou dans son signe d'« exaltation », elle est puissante et peut être retenue comme planète dominante.

VOICI PLANÈTE PAR PLANÈTE, SIGNE PAR SIGNE, LES POSITIONS DOMINANTES EN SIGNES

- **Soleil** : Lion et Bélier
- **Lune** : Cancer et Taureau
- **Mercure** : Gémeaux, Vierge et Verseau
- **Vénus** : Taureau, Balance et Poissons
- **Mars** : Bélier, Scorpion et Capricorne
- **Jupiter** : Sagittaire et Poissons
- **Saturne** : Capricorne, Balance et Verseau
- **Uranus** : Verseau et Scorpion
- **Neptune** : Poissons et Sagittaire
- **Pluton** : Scorpion

MON PROFIL PSY AVEC LES PLANÈTES

Vous avez trouvé votre ou vos planètes dominantes. Voici les types qui décrivent le mieux votre personnalité. Vous cochez plusieurs cases ? Chouette, vous avez plusieurs cordes à votre arc. Mixez les profils pour peaufiner votre portrait.

• J'AI LE SOLEIL DOMINANT. JE SUIS AUTHENTIQUE ET CHARISMATIQUE.

Brillante, confiante et autonome, vous tenez solidement votre destin en main, bien décidée à faire de votre vie un chef-d'œuvre. Exit les rumeurs autour de votre individualisme, assumez vos ambitions sans fléchir.

• J'AI LA LUNE DOMINANTE. JE SUIS INTUITIVE ET SENSIBLE.

Hyper sensible, protectrice, vous êtes l'être le plus délicat et intuitif du zodiaque. Respectez vos besoins, accueillez vos émotions avec bienveillance.

• J'AI UN MERCURE DOMINANT. JE SUIS CURIEUSE ET INTELLIGENTE.

Curieuse, mobile, vive d'esprit, vous êtes l'être plus brillant, le plus drôle du zodiaque. Ne cessez jamais d'apprendre et de communiquer pour satisfaire votre nature avide de connaissance et de contacts

• J'AI UNE VÉNUS DOMINANTE. JE SUIS SÉDUCTRICE ET ESTHÈTE.

Élégante, charmante, diplomate, vous êtes l'être le plus conciliant et aimable du zodiaque. Placez sans hésiter l'amour, la beauté et l'harmonie au centre de votre vie.

• J'AI UN MARS DOMINANT. JE SUIS COMBATIVE ET DÉTERMINÉE.

Punchy, courageuse, compétitrice, vous êtes l'être le plus entreprenant et actif du zodiaque. Utilisez au maximum votre esprit d'initiative et votre courage pour atteindre vos objectifs.

• J'AI UN JUPITER DOMINANT. JE SUIS BONNE VIVANTE ET INFLUENTE.

Confiante, positive, engagée, vous êtes l'être le plus populaire du zodiaque. Misez sur un optimisme à toute épreuve pour développer vos projets et prendre du plaisir.

• J'AI UN SATURNE DOMINANT. JE SUIS AMBITIEUSE ET RESPONSABLE.

Rigoureuse, solide, endurante, vous êtes l'être plus mature du zodiaque. Trouver votre voie prend du temps mais vous construisez votre vie au long cours.

• J'AI UN URANUS DOMINANT. JE SUIS LIBRE ET VISIONNAIRE.

Rebelle, indépendante, avant-gardiste, vous êtes l'être le plus libre et hors cadre du zodiaque. Ne cédez jamais sur votre liberté d'esprit et d'agir. Assumez vos vues avant-gardistes.

J'AI UN NEPTUNE DOMINANT. JE SUIS HYPER SENSIBLE ET INSPIRÉE.

Intuitive, mystique, humaniste, vous êtes l'être le plus spirituel du zodiaque. Écoutez votre petite voix intérieure et votre cœur sans oublier de vous protéger des profiteurs et des gourous.

• J'AI UN PLUTON DOMINANT. JE SUIS RÉSILIENTE ET PUISSANTE.

Lucide, exigeante, résistante, vous êtes l'être du zodiaque qui renaît et se transforme en permanence. N'ayez pas peur de votre pouvoir tout en prenant soin de l'utiliser avec justesse et modération.

JEUX

Le Soleil, la quête du héros !

Parce que le Soleil est le héros ou l'héroïne qui sommeille en vous, partons en voyage au pays des contes de fées. Retrouvez le conte, son héros ou son héroïne qui matchent le mieux avec la mission de chaque signe astrologique

- **Soleil en Bélier** ○
- **Soleil en Scorpion** ○
- **Soleil en Sagittaire** ○
- **Soleil en Verseau** ○
- **Soleil en Gémeaux** ○
- **Soleil en Cancer** ○
- **Soleil en Lion** ○
- **Soleil en Vierge** ○
- **Soleil en Capricorne** ○
- **Soleil en Taureau** ○
- **Soleil en Poissons** ○
- **Soleil en Balance** ○

- ○ Un conte sur les méfaits de l'orgueil. *Les Habits neufs de l'Empereur*, Hans Andersen
- ○ Un conte sur la confiance en soi. *Cendrillon, ou la petite pantoufle de verre*, Charles Perrault
- ○ Un conte sur le sacrifice. *La Petite Sirène*, Hans Andersen
- ○ Un conte sur le pouvoir de l'intelligence et de la ruse. *Le Maître Chat ou le Chat botté*, Charles Perrault
- ○ Un conte sur le courage. *Le Vaillant Petit Tailleur*, les frères Grimm
- ○ Un conte sur l'aventure. *Sindbad le marin*, contes des *Mille et Une Nuits*
- ○ Un conte sur les dangers de l'isolement. *La Reine des neiges*, Hans Andersen
- ○ Un conte sur le pouvoir de l'imaginaire. *Les Aventures d'Alice au pays des merveilles*, Lewis Carroll
- ○ Un conte sur l'art du secret. *Le Bal des douze princesses*, les frères Grimm
- ○ Un conte sur la gourmandise. *Hansel et Gretel*, les frères Grimm
- ○ Un conte sur la beauté. *La Belle et la Bête*, Mme Leprince de Beaumont
- ○ Un conte sur la tentation de la liberté. *La Bergère et le Ramoneur*, Hans Andersen

MARS, LA COLÈRE CRÉATIVE !

Mars est la planète qui exacerbe nos désirs, nos émotions, celle qui donne du courage, des moyens de défense et d'action pour se projeter en avant et oser dans la vie. L'émotion qui caractérise le plus la planète rouge est la colère. Voici un petit exercice pour l'exprimer, la dissoudre ou la transformer en force créative.

Matériel

- 2 feuilles de papier
- 1 crayon ou stylo noir
- Crayons de couleur ou pastels
- 1 bâton de colle

- Sur la première feuille de papier, dessinez votre colère, ce qui vous énerve dans la vie ou sur le moment. Dessinez ou gribouillez, peu importe, lâchez-vous.
- Sur la seconde feuille, réalisez un fond de couleur (aplat ou taches, comme vous voulez). Déchirez la première feuille en petits morceaux au-dessus de la seconde. Soufflez pour les répartir un peu, puis collez-les sur place pour former un motif spontané ou plus construit.

QUIZ MYTHOLOGIQUE

Pour bien comprendre l'énergie et l'influence des planètes en astrologie, impossible de faire l'impasse sur la mythologie qui raconte les aventures des divinités. Rien de tel qu'un quiz pour tester vos connaissances !

1. Qui est la fille de Zeus, *alias* Jupiter ?

- [ ] Athéna
- [ ] Aphrodite
- [ ] Artémis

2. Quels sont les animaux qui tirent le char d'Aphrodite, *alias* Vénus, la déesse de la beauté et de l'amour ?

- [ ] Des lionnes
- [ ] Des colombes
- [ ] Des génisses blanches

3. Comment s'appelle le frère de Poséidon, le dieu de la mer, *alias* Neptune ?

- [ ] Hercule
- [ ] Zeus *alias* Jupiter
- [ ] Hermès *alias* Mercure

4. Quel célèbre accessoire porte Hermès, *alias* Mercure ?

- [ ] Une couronne de laurier
- [ ] Une ceinture en or
- [ ] Des sandales ailées

5. Qui est l'épouse de Hadès, *alias* Pluton, le dieu des enfers ?

- [ ] Perséphone
- [ ] Déméter
- [ ] Métis

6. L'une de ces déesses n'est pas associée à la Lune. Laquelle ?

- [ ] Séléné
- [ ] Artémis
- [ ] Héra

7. Laquelle de ces œuvres de la littérature classique raconte la cosmogonie, ou création du monde, selon les Grecs ?

- [ ] *L'Odyssée*, de Homère
- [ ] *La Théogonie*, de Hésiode
- [ ] *L'Énéide*, de Virgile

Solutions p. 75.

UN ÉTÉ POUR MÉDITER

BANCO, JE MÉDITE AVEC LES PLANÈTES !

La période estivale est le moment idéal pour tester la méditation ou reprendre une pratique régulière. Méditer sous l'égide d'une planète et de sa divinité est un excellent outil pour se connecter à un aspect de sa personnalité. En astrologie, les planètes incarnent les diverses facettes de la psyché humaine, comme l'estime de soi avec Vénus, le féminin avec la Lune, le courage avec Mars. Mais au-delà de cet aspect psychologique, méditer avec une planète est aussi un moyen pour se connecter avec une divinité, un archétype : en méditant avec Saturne vous faites appel au vieux sage, avec Mars à l'amazone, le ou la guerrière qui sommeille en vous, avec Vénus, l'amoureuse, etc. Cette pratique ouvre un espace de dialogue avec cette divinité. Méditer avec les planètes requiert un protocole de départ identique, à adapter ensuite en fonction de chacune.

Préparer sa méditation avec une planète

Installez-vous dans un endroit calme. Placez une image du dieu, de la déesse ou de l'astre de votre choix devant ou sur vous (facultatif). Fermez les yeux et prenez trois grandes et profondes respirations. Appelez la planète ou la divinité trois fois en prononçant son nom à voix haute. Puis appliquez la forme de méditation adaptée à la planète choisie.

Je médite avec le Soleil et une huile essentielle pour rayonner et m'affirmer

Déposez 3 gouttes d'huile essentielle de bergamote (assurance) ou de pamplemousse (confiance) sur un mouchoir. Respirez plusieurs fois cette fragrance. Puis accueillez les images, les sensations qui surgissent. Visualisez un cercle jaune au niveau de votre plexus solaire. Sentez la chaleur qui se diffuse dans tout votre corps. Laissez cette lumière se diffuser pour nettoyer vos peurs et révéler vos potentiels.

Je médite avec la Lune pour me connecter à mon féminin sacré

Choisissez un soir de nouvelle lune pour poser une intention ou un soir de pleine lune pour vous célébrer et déployer votre puissance féminine. Visualisez une lune ronde, généreuse, fertile, lumineuse. Sous forme de visualisation ou en geste, prenez cette lune dans vos mains. Sentez sa puissance, sa protection, sa fertilité pénétrer la paume de vos mains. Puis, massez en faisant des ronds votre ventre, votre poitrine. Laissez se diffuser l'aura de la lune en vous. Puis ramenez la lune sur votre ventre pour réveiller votre fertilité, fortifier votre centre émotionnel.

Je médite avec Mercure et le chakra de la gorge pour prendre la parole

Prenez dans vos mains une pierre bleu clair (turquoise, aigue-marine ou calcédoine), de la couleur du chakra de la gorge, centre énergétique de la parole et de l'expression de soi. Cette étape est facultative. Fermez les yeux, puis visualisez un cercle bleu ciel au niveau de votre gorge. Prononcez le mantra correspondant à ce chakra, « ham », trois fois après avoir appelé Mercure pour ouvrir votre canal d'expression. Faites grandir ce cercle afin qu'il enveloppe tout votre corps. Terminez avec le mantra « ham », trois fois.

Je médite avec Vénus et le chakra du cœur pour m'aimer davantage

Le soir avant d'aller dormir ou un après-midi à l'heure de la sieste, allongez-vous. Déposez une image de Vénus ou un quartz rose sur votre poitrine à l'emplacement du cœur. Fermez les yeux, visualisez votre image, les parties de votre corps que vous aimez ou n'aimez pas, des situations empreintes d'amour. Portez votre attention sur les bruits, les odeurs qui vous entourent. Puis demandez à Vénus de guider vos ressentis et de panser vos blessures. À la fin de la méditation, notez vos ressentis.

Je médite avec Jupiter pour booster ma créativité

Après avoir effectué la préparation à la méditation en appelant trois fois Jupiter, prenez un mandala à colorier. Fixez votre attention sur le motif, puis coloriez-le en vous laissant absorber par le mouvement de vos crayons, l'harmonie des tons, des formes. Libérez votre esprit pour laisser se déployer votre créativité sans pensée critique ni jugement.

Je médite avec Saturne pour contacter un guide ou un ancêtre

Avant de commencer la méditation, posez une question ou une intention. Écrivez-la. Choisissez la photo d'un ancêtre que vous respectez et qui peut vous aider, ou l'image d'une personne de confiance et qui vous inspire la sagesse. Prenez cette photo dans vos mains. Puis concentrez-vous sur votre respiration. Faites votre demande à ce guide. Ouvrez votre cœur pour accueillir la réponse. Laissez venir les images, les mots, les ressentis tels qu'ils viennent. Ayez foi en ce message. Notez-le à la fin de la méditation, qu'il soit clair ou pas. Vous y reviendrez plus tard.

Je médite avec Uranus pour me libérer de ce qui m'entrave

Avant de commencer la méditation, notez la chose qui vous empêche de vous sentir libre et indépendante. Puis appelez Uranus, la planète de la révolte et des changements. Visualisez votre rencontre, puis prononcez à haute voix « Uranus, libère-moi. Libère-moi de… » (la chose que vous avez notée). Accueillez sans entrave ni jugement les ressentis, les images qui surgissent. Remerciez Uranus avant de clore votre méditation. Quand elle est terminée, brûlez le papier.

Je médite avec Neptune et une rose pour ouvrir mon cœur

Fermez les yeux. Prenez une rose ou une photo de rose dans vos mains, caressez en vrai ou en imagination ses pétales, sentez son parfum. Visualisez la fleur avec toutes ses nuances de couleur. Portez votre main sur le cœur. Visualisez un cercle rose au niveau du chakra du cœur. Concentrez-vous sur le pouvoir de guérison et d'amour de la rose. Laissez-la panser vos blessures, laissez sa douceur, sa beauté vous envelopper. Ressentez l'amour inconditionnel de la rose et de Neptune vous envelopper.

Je médite avec Pluton pour me recentrer

Pour cette planète, choisissez l'exercice de la méditation de pleine conscience qui consiste à être totalement présente sans se laisser perturber par l'extérieur ou des pensées parasites. Pratiquez cette méditation en marchant, en mangeant, assise sur la plage, etc. Observez ce qui vous entoure, veillez à être là, juste là et rien d'autre. Fermez les yeux, soyez attentive à ce qui se passe en vous ici et maintenant. Laissez se dérouler le cours des choses sans jugement et concentrez-vous sur l'essentiel.

FOCUS

ALLER PLUS LOIN
LES MAISONS

Qu'est- ce qu'une maison astrologique ?

Au-delà des douze signes du zodiaque qui composent votre thème de naissance, celui-ci est redivisé en douze parties que l'on appelle « maisons ». Ces espaces incarnent des « secteurs de vie » ou champs d'expérience du quotidien comme la famille, la vie amoureuse, la carrière, la vie psychique, etc. Ce découpage permet d'expliquer plus précisément le champ d'action d'une planète ou d'un signe.

Comment les repérer ?

Le début d'une maison est marqué par une flèche. La lecture commence tout à gauche avec l'ascendant, puis va dans le sens inverse des aiguilles d'une montre. Dans les thèmes générés par Astrothème, il est désigné par le sigle AC. La flèche qui suit marque le début de la maison II, la suivante la maison III, etc. jusqu'à la XIIe qui boucle la boucle juste avant l'ascendant toujours dans le sens inverse des aiguilles d'une montre.

Pourquoi et comment jouer avec les maisons ?

Ces douze secteurs permettent d'intégrer nos actions, nos attitudes, nos points forts au quotidien. Les maisons donnent des informations sur la façon dont vous vous comportez, réagissez dans la vie. Prenons un exemple : vous souhaitez savoir comment fonctionne votre couple, vos relations en général. Regardez le signe dans lequel est située la flèche de la maison VII (tout à droite du thème). Le signe donne l'ambiance, le climat, le mode de fonctionnement de votre couple, de vos relations. Si votre maison VII est en Lion : vous vivez vos relations avec les qualités et les attributs du Lion. Vous avez grand besoin d'admirer votre partenaire, de vivre des amours intenses, passionnées, glamour.

J'ai plusieurs signes dans une maison. Que faire ?

Le signe qui compte est celui où se situe la flèche. Mais il est possible que deux signes soient présents dans une même maison. On en tient compte aussi. Notez-le : il a son importance, mais agit dans un deuxième temps.

LA SIGNIFICATION DES DOUZE MAISONS

La maison I ou Ascendant est l'expression de votre personnalité, de votre apparence physique, de votre façon de vivre votre vie en toute autonomie. **Son message :** Ce que je suis.

La maison II vous renseigne sur ce que vous possédez en propre, vos ressources physiques, le corps, vos ressources matérielles (argent, biens, possessions), vos talents ou ressources immatérielles (habileté manuelle, esprit de synthèse, etc.). **Son message :** Ce que j'ai.

La maison III révèle votre capacité à apprendre, à communiquer, à vous adapter, à entrer en contact avec votre environnement proche. **Son message :** Ce que je pense.

La maison IV incarne vos racines, vos héritages personnels et familiaux, votre éducation. Elle décrit aussi le foyer, le lieu d'habitation. **Son message :** Ce que je reçois à la naissance.

La maison V est le lieu où vous exprimez votre créativité, où vous prenez du plaisir, où vous obtenez des informations sur vos enfants ou votre rapport aux enfants. **Son message :** Ce que je crée.

La maison VI décrit votre rapport au travail au quotidien, ses contraintes et ses servitudes, à la santé, à l'hygiène de vie. **Son message :** Ce que je produis, soigne et sers.

La maison VII décrit vos relations affectives, votre vie de couple, vos partenariats privés et professionnels. **Son message :** Comment je me relie aux autres.

La maison VIII aborde votre rapport à la transformation, à la fusion et par là évoque aussi votre rapport à la mort, aux deuils, à la sexualité. **Son message :** Comment je partage, je me transforme.

La maison IX explique votre rapport au monde *via* le voyage, à la connaissance, et décrit votre système de valeurs, qu'elles soient philosophiques, politiques, spirituelles. **Son message :** Quelles sont mes valeurs, ma quête de sens dans la vie.

La maison X vous informe sur votre carrière, votre vocation professionnelle, vos ambitions. **Son message :** Comment je me réalise, je trouve ma place dans le monde.

La maison XI décrit votre façon de redonner au collectif ce que la vie vous a donné ou appris, cela passe par les amitiés, la participation à des associations, des réseaux. Elle révèle aussi vos soutiens. **Son message :** Comment je participe à la société.

La maison XII révèle ce qui est caché, secret, inconscient, ce que vous n'avez pas encore compris, digéré, ce qui vous isole, vous enferme parfois. **Son message :** Comment je fais le bilan, comment je travaille en profondeur.

Exemple d'interprétation pour jouer avec les maisons

Vous souhaitez avoir des informations sur votre créativité, sur la façon dont vous exprimez votre personnalité, vous vous affirmez et rayonnez dans la vie ? Regardez la maison V.

L'interprétation : Votre maison V est en Gémeaux. Votre créativité s'exprime avec les talents du Gémeaux. Vous aimez écrire, prendre la parole, communiquer. Vous avez des dons pour écrire, pour vous exprimer en public. Vous aimez apprendre, vous êtes curieuse. Vous êtes multitalents, une éternelle étudiante qui cherche à s'exprimer avec différents outils. Vous vous ennuyez vite et changez souvent de registre, de techniques ou de centres d'intérêt. N'oubliez pas de regarder les planètes présentes dans les maisons. Dans ce cas, regardez (p. 44) la mission de la planète pour affiner votre interprétation.

À VOUS DE JOUER : MA MAISON EST EN...

Notez les signes et les planètes qui siègent dans chaque maison de votre thème de naissance :

Maison	Signe(s)	Planète(s)	Interprétation
Maison I			
Maison II			
Maison III			
Maison IV			
Maison V			
Maison VI			
Maison VII			
Maison VIII			
Maison IX			
Maison X			
Maison XI			
Maison XII			

FOCUS

ASTRO WITCH

Quand l'astrologie réveille la magie qui sommeille en vous

FOCUS SUR LA « MAGIE » DE VOTRE THÈME DE NAISSANCE

L'astrologie n'a eu de cesse de s'adapter au fil du temps et des découvertes astronomiques. Depuis plusieurs décennies, de nouveaux points sont apparus sur les cartes du ciel à la suite de la découverte de nouveaux corps célestes ou l'utilisation de points astronomiques. Découvrons et jouons avec deux des plus populaires : Lilith, *alias* la Lune noire, le point « sorcière » du thème, et Chiron l'astéroïde, le point « guérisseur » du thème.

PLACE À LILITH

Qui est Lilith ?

La Lune noire, ou Lilith, n'est ni une planète ni un astéroïde, mais un point mathématique dans le ciel. Le trajet de la Lune autour de la Terre forme une ellipse qui possède deux « points » ou « foyers ». L'un est occupé par la Lune, l'autre est vide. Il est appelé Lune noire. Symboliquement, il représente un « vide », une « faille », une « attente » immense que l'on va chercher à combler. Le signe dans lequel se trouve ce point vous donne des indications sur la façon dont vous allez vivre ce grand manque, qui est aussi votre plus grand pouvoir.

Un peu de mythologie

Dans la tradition biblique, Lilith est la première épouse d'Adam, celle qui a dit non à son statut d'épouse soumise. Elle a quitté le jardin d'Eden et son époux car elle a refusé de jouer les seconds rôles. Son audace a été punie par une réputation détestable. Sa figure est revenue sur le devant de la scène dans les années 1970, où elle a été élue première féministe de l'Histoire par les combattantes pour les droits des femmes.

Sa fonction

Dans un premier temps, Lilith incarne votre part d'ombre. Elle est la source de la peur, de la colère, de la radicalité et de l'insoumission. Avant de vivre pleinement le pouvoir de s'affirmer et de dire non, elle dévalorise et sabote le signe où elle réside. Au départ, la Lune noire joue plutôt contre vous, mais il est possible de l'apprivoiser. Prête à dompter votre Lilith ? Go !

Comment trouver son pouvoir ?

Dans quel signe se situe le symbole de Lilith (ci-contre) dans votre carte du ciel ?

....

Répondez à ce questionnaire lilithien avant d'aller plus loin !

- **Ce qui me fait le plus peur :**
- **Ce qui me met en colère :**
- **Ce qui me révolte :**
- **Quelle est ma plus grande attente dans la vie :**

EXERCICE

LILITH : TRAVERSER LE MIROIR DE LA PEUR

Allons à la rencontre d'un des personnages les plus « lilithien » de la pop-culture, j'ai nommé la méchante reine de *Blanche Neige* et son miroir magique. Le miroir est l'un des objets associés à Lilith. Il reflète votre ombre, celle produite par Lilith. Cela peut être aussi une peur, une colère, un idéal que l'on n'arrive pas à atteindre.

Mettez-vous dans la peau de la méchante reine *alias* votre Lilith natale pour la faire basculer de l'autre côté du miroir et découvrir le côté lumineux de sa force.

Avant de commencer l'exercice, prenez un moment pour bien identifier la problématique de votre Lilith en répondant aux questions de la p. 54. Écrivez au brouillon un texte qui exprime l'ombre de votre Lilith puis, sur une autre page, transformez point par point cette ombre en pouvoir.

Exemple : ma Lilith est en Taureau, et correspond donc à un complexe autour du corps, ou à un manque affectif. Quels sont ses mantras « destructeurs » ? Je me sens moche, non désirable, j'ai tellement peur de manquer d'amour, de ne pas être en paix avec mon corps. J'ai peur de manquer de ressources matérielles, de dons et de talents.

>> *En mode pouvoir*, je suis une femme sensuelle, désirable. J'ai une sexualité épanouie. Je suis talentueuse et j'attire l'abondance, je suis riche, tellement riche en moi et à l'extérieur.

Visualisez votre Lilith dans le premier miroir.

Fondez-vous dans son corps, son costume. Fermez les yeux, puis dites : « Miroir, miroir, dis-moi où se cache ma peur ? » « Miroir, miroir, donne-moi le courage de traverser cette peur pour découvrir la femme puissante en moi. »

Notez en écriture circulaire, en partant du bord du miroir et en allant vers le centre, le texte que vous avez écrit au brouillon.

Dans le deuxième miroir, écrivez l'autre texte. Cette fois-ci, vous partez du centre pour vous étendre vers l'extérieur.

Matériel

- Une grande feuille de papier blanc
- Un stylo noir

Tout savoir sur votre Lilith natale

Voici quelques éléments d'interprétation de chaque position de Lilith en signes pour guider vos pas dans les exercices et découvrir votre don de sorcière.

J'ai Lilith en Bélier

Dans ce signe à fleur de peau, Lilith laisse facilement éclater sa colère quand elle se sent impuissante ou agressée.

Dire NON : à la violence, à la domination, à l'inégalité, au machisme.

Mon idéal : l'invincibilité.

Mon don de sorcière : le courage.

J'ai Lilith en Taureau

Dans ce signe de terre, Lilith est très attachée à ses biens personnels, à ses amours, à moins qu'elle ne rejette par provocation toute forme d'attachement.

Dire NON : à la dépendance matérielle et affective.

Mon idéal : le bien-être.

Mon don : l'abondance.

J'ai Lilith en Gémeaux

Dans ce signe bavard, Lilith prend peu ou pas la parole, ou elle tranche fermement et exprime cash ce qu'elle pense.

Dire NON : à l'indifférence, à ceux qui me disent « Taisez-vous ! »

Mon idéal : la connaissance.

Mon don : les mots.

J'ai Lilith en Cancer

Dans ce signe maternel, Lilith n'est pas à l'aise dans son corps de femme. La maternité n'est pas une évidence, la famille peut être hostile.

Dire NON : aux pressions familiales.

Mon idéal : incarner une mère universelle.

Mon don : la protection.

J'ai Lilith en Lion

Dans ce signe solaire, soit Lilith assume avec aplomb un orgueil surdimensionné, soit elle s'autocensure par peur de l'échec.

Dire NON : à la médiocrité, au manque d'ambition.

Mon idéal : être unique.

Mon don : la créativité.

J'ai Lilith en Vierge

Dans ce signe perfectionniste, Lilith pousse à l'extrême son goût de l'ordre et de la pureté. Elle a une peur panique du jugement et de la critique.

Dire NON : à ses obsessions.

Mon idéal : la pureté.

Mon don : le sens du service.

J'ai Lilith en Balance

Dans ce signe expert en amour, Lilith vise la perfection amoureuse au risque de ne jamais vivre pleinement ses relations.

Dire NON : à la peur de déplaire, à l'obsession des apparences.

Mon idéal : l'amour inconditionnel.

Mon don : diffuser la beauté.

J'ai Lilith en Scorpion

Dans ce signe mystérieux, Lilith a un rapport ambigu au pouvoir. Est-il assumé ou subi ? Son exercice est délicat.

Dire NON : aux pensées négatives.

Mon idéal : la puissance.

Mon don : être en contact avec l'invisible.

J'ai Lilith en Sagittaire

Dans ce signe idéaliste, Lilith place son idéal, ses valeurs au-dessus de tout, quitte à tomber dans l'exigence ou le dogmatisme.

Dire NON : à l'intolérance, au rejet des différences.

Mon idéal : la justice.

Mon don : le pouvoir de conviction.

J'ai Lilith en Capricorne

Dans ce signe de devoir, Lilith assume d'être seule, terre à terre, fidèle aux traditions au risque de se couper de ses sentiments.

Dire NON : à l'isolement, à l'immobilisme.

Mon idéal : la fidélité.

Mon don : la sagesse.

J'ai Lilith en Verseau

Dans ce signe rebelle, Lilith refuse l'autorité et d'entrer dans le moule. Elle instaure ses propres règles même les plus radicales ou transgressives.

Dire NON : au conservatisme.

Mon idéal : la liberté.

Mon don : la fraternité.

J'ai Lilith en Poissons

Dans ce signe hyper sensible, Lilith ouvre ses vannes émotionnelles au risque de perdre ses repères et de se laisser duper.

Dire NON : à l'illusion, la confusion.

Mon idéal : l'amour universel.

Mon don : la guérison.

EXERCICE

CRÉER SON *SIGIL* OU « SCEAU MAGIQUE » DÉDIÉ À LILITH

Qu'est- ce qu'un sigil ?

Un sigil est un sceau, un dessin qui représente graphiquement une intention, un mantra ou un nom.
Ce terme vient du latin *sigillum* qui veut dire « signature ». Pour incarner pleinement le pouvoir et l'énergie de votre Lilith, créez le sigil de votre nom associé au signe dans lequel elle se trouve.

Comment faire ?

Avant de tracer votre sigil, prenez un instant pour vous détendre, respirer, lâcher prise, vous concentrer. Posez une intention, si vous le souhaitez, en lien avec l'idéal de votre Lilith.

Écrivez le nom de Lilith et le signe où elle réside dans votre carte du ciel, puis barrez toutes les voyelles.

Exemple : Lilith - Lion >> **LLTHLN**

Tracez la première lettre, puis utilisez une partie de cette lettre pour tracer la seconde, puis ainsi de suite jusqu'à la dernière lettre, en variant les tailles et les styles, jusqu'à l'obtention d'une forme graphique qui vous parle.

Exemple

Comment l'utiliser ?

Vous pouvez porter ce sceau dans votre sac, dans votre agenda, un carnet, un mood-board comme un objet de rituel qui vous connecte à votre Lilith.

Amusez-vous à créer d'autres sigils avec les positions des planètes en signe de votre thème.

PLACE À CHIRON

Qui est Chiron ?

Découvert en 1977, Chiron est un astéroïde situé entre Saturne et Uranus. Dans la mythologie grecque, Chiron est un centaure, une créature fantastique mi-homme mi-cheval, immortel. Enseignant et médecin, ce centaure est un sage. Blessé accidentellement par une flèche empoisonnée, Chiron l'immortel est condamné à souffrir éternellement. Mais Zeus (Jupiter) le libère et l'envoie exercer ses talents de guérisseur dans la constellation du Centaure (Sagittaire). Son histoire en dit long sur la signification de Chiron dans votre thème. Sa position en signe révèle une blessure souterraine qui se réveille par intermittence en scandant toujours la même petite phrase assassine du genre : « Personne ne m'écoute. »
Sa position en signe vous montre la voie pour passer de l'état de souffrant à celui de guérisseur.

Sa fonction

Il révèle une blessure qui, à force d'être travaillée, soignée, apprivoisée, se transforme en don de guérison. Prête à découvrir où se cache le vôtre ?

Comment récupérer son don de guérisseur ?

Dans quel signe se situe le symbole de Chiron (ci-contre) dans votre carte du ciel ?

....

Répondez à ce questionnaire chironien, avant d'aller plus loin !

- **Ce qui me blesse et me fait mal depuis l'enfance (blessure physique et, ou physique) :**
- **Ce qui me donne de la force quand je surmonte cette blessure :**
- **Ce que cette blessure m'a apporté :**

Tout savoir sur votre Chiron natal

Voici quelques mots et indications pour interpréter
la position de votre Chiron natal en signes
et découvrir votre don de guérisseur.se.

J'ai Chiron en Bélier

Ma blessure : « Je suis nulle, je n'ai aucune valeur ». La flèche de Chiron blesse votre identité. Désarmée face à l'adversité, vous avez du mal à vous défendre, à vous imposer ou tout simplement à exister.

Ma guérison : développer le courage d'être soi.

J'ai Chiron en Taureau

Ma blessure : « Je n'ai aucun charme, je suis moche. » La flèche de Chiron blesse l'estime de soi et l'image corporelle.

Ma guérison : transmettre la beauté.

J'ai Chiron en Gémeaux

Ma blessure : « Personne ne m'écoute. » La flèche de Chiron atteint la parole. Résultat, vous sous-estimez vos compétences intellectuelles et passez en mode silence.

Ma guérison : trouver ma voix.

J'ai Chiron en Cancer

Ma blessure : « J'ai peur du monde extérieur. » Vous restez dans votre cocon, en sortir vous expose à trop de situations inconfortables.

Ma guérison : trouver ma sécurité intérieure.

J'ai Chiron en Lion

Ma blessure : « Je n'ai aucun talent. » La flèche de Chiron atteint la créativité. En mode retrait, vous cachez et sous-estimez vos talents.

Ma guérison : me donner de la valeur.

J'ai Chiron en Vierge

Ma blessure : « Je ne suis pas à la hauteur. » La flèche blesse l'amour-propre. Sous pression, vous avez peur du jugement et des critiques.

Ma guérison : connecter et soigner les blessures.

J'ai Chiron en Balance

Ma blessure : « Personne ne m'aime. » La flèche blesse la vie affective. Personne ne parvient à combler votre immense besoin d'amour.

Ma guérison : m'aimer.

J'ai Chiron en Scorpion

Ma blessure : « Je ne fais confiance à personne. » La flèche brise le lien de confiance avec les autres. En mode « self-défense », votre regard est dur et sans concession.

Ma guérison : faire confiance à la vie.

J'ai Chiron en Sagittaire

Ma blessure : « Reste à ta place ! Tu n'es pas légitime. » La flèche atteint la position sociale. Vous avez du mal à parler en votre nom, à défendre vos valeurs.

Ma guérison : croire en moi.

J'ai Chiron en Capricorne

Ma blessure : « C'est de ma faute ! » La flèche de Chiron active la culpabilité. Le sens du devoir, des responsabilités prennent toute la place, vous n'en faites jamais assez.

Ma guérison : lâcher prise.

J'ai Chiron en Verseau

Ma blessure : « Personne ne me comprend. » La flèche atteint la créativité, l'autonomie. Résultat, vous restez prisonnière de votre peur d'être originale, décalée.

Ma guérison : briser mes chaînes.

J'ai Chiron en Poisson

Ma blessure : « Je suis inutile. » La flèche atteint la capacité à aimer, à aider les autres. Vous vous sentez impuissante ou tombez dans le sacrifice.

Ma guérison : aimer sans me sacrifier.

DIY CRÉEZ VOTRE OUTIL DE GUÉRISON : LE BÂTON DE FUMIGATION

À quoi ça sert ?

Un bâton de fumigation est un assemblage de plantes, herbes et fleurs séchées. Il sert à purifier une pièce de la maison, un autel, à pratiquer un rituel. Pour composer votre bâton, pas besoin de commander de la sauge ou du Palo Santo qui sont des plantes amérindiennes, jouez la carte du local. Profitez du cadre de vos vacances pour créer votre bâton avec des plantes locales. Vous pouvez utiliser des aiguilles de pin, du sapin, de la bruyère, tous les résineux que vous trouverez sur votre lieu de vacances, les plus sèches possible. Puis ajoutez des feuilles, des fleurs fraîches, un petit message, une prière. Attachez vos éléments avec une ficelle, serrez bien pour bien maintenir les plantes ensemble. Munissez-vous d'un éventail pour répandre la fumée ou d'un récipient résistant à la chaleur pour le poser.

Comment l'utiliser ?

Définissez et posez votre intention au sujet de votre blessure. Notez-la sur un morceau de papier que vous ajouterez à votre bâton pour la brûler au cours du rituel. Cette intention représente la blessure dont vous souhaitez vous débarrasser. Autre solution : optez pour une intention positive à réciter comme mantra de guérison pendant la purification. Allumez l'extrémité du bâton, laissez la flamme brûler quelques secondes, puis éteignez-la. Posez votre bâton sur le récipient et laissez la fumée purifier votre blessure

RITUEL RENCONTRER SON ANIMAL DE POUVOIR OU TOTEM

À quoi sert un animal totem ?

L'animal totem est une rencontre avec une dimension animale qui fait partie de vous ou qui est là pour vous accompagner. L'animal totem est une médecine en lien avec les qualités et la nature de l'animal. Quand vous avez trouvé le ou les vôtres (on peut en avoir plusieurs), vous incarnez ses qualités. Pour trouver votre animal totem, laissez parler vos instincts, votre corps, vos désirs.

Les éléments à rassembler pour préparer votre méditation et votre rencontre

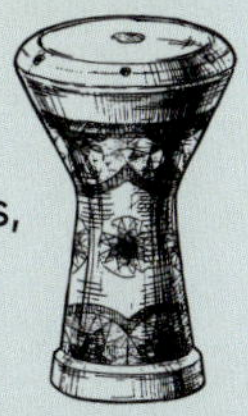

- Faites une playlist en sélectionnant une ou plusieurs musiques avec des tambours chamaniques, des percussions ou des musiques qui parlent à votre instinct, pas à vos goûts.
- Un carnet, un stylo, des crayons de couleur ou feutres pour dessiner.

Le rituel

- Installez-vous dans un endroit au calme, si possible en pleine nature ou chez vous en vous rendant dans votre espace sacré (p. 23).
- Visualisez un cercle autour de vous ou matérialisez-le avec des éléments ramassés dans la nature (branchages, feuilles, pierres, fleurs).
- Installez-vous au centre.
- Lancez votre playlist.
- Fermez les yeux, prenez trois grandes respirations.
- Visualisez une promenade en pleine nature. Laissez votre instinct vous guider dans l'environnement naturel qui vous appelle. Puis appelez votre animal totem, demandez-lui de se présenter, de venir vous rejoindre.
- Regardez ce qui se passe, laissez venir l'animal sans le contraindre.
- Retenez le premier animal qui s'est présenté à vous. Ensuite, il peut en venir d'autres.
- Observez son attitude, sa réaction (craintive, chaleureuse, fugitive, agressive). Posez-lui vos questions, demandez-lui conseil.
- Le moment venu, mettez fin au rituel en remerciant le ou les animaux qui sont venus vous visiter.
- Notez dans votre carnet vos ressentis, les messages envoyés par l'animal, la description de son physique, de ses attitudes. Si vous le sentez, dessinez-le.

Et après ?

Dans les jours qui suivent ce rituel, portez une grande attention aux signes que vous envoie votre animal. Il se peut qu'il vienne vous visiter la nuit dans vos rêves, que vous le rencontriez dans la vraie vie, que vous tombiez par hasard sur des photos, des images. Notez vos ressentis quand vous le rencontrez. Faites des recherches sur sa symbolique, ses attributs, son caractère, son mode de vie.

BALADE AVEC LES ASTÉROÏDES, LES ÉNERGIES FÉMININES DU ZODIAQUE

Les déesses sont de retour! Enfin, après des siècles de domination masculine, deux divinités féminines (Lune et Vénus) *versus* huit dieux (Soleil, Mercure, Mars, Jupiter, Saturne, Uranus, Neptune et Pluton), l'astrologie accueille de nouveaux archétypes féminins. Au cours du XIXe siècle, les progrès de l'astronomie ont permis de découvrir une grande ceinture d'astéroïdes entre Saturne et Uranus. Les plus importantes ont reçu le nom de grandes déesses : Cérès, Vesta, Pallas Athéna et Junon.

Cérès, la Grande Mère

Découverte en 1801, Cérès est le plus gros corps de la ceinture d'astéroïdes. Dans la mythologie grecque, on la connaît sous le nom de Déméter, la déesse des récoltes, des cycles, des saisons. Dans votre thème natal, Cérès incarne la capacité à se nourrir soi-même et les autres, à suivre le cycle de la vie. Cérès est la mère de Perséphone enlevée par Pluton, le dieu des Enfers. Dévastée d'avoir perdu sa fille, la déesse refuse de continuer sa mission de déesse des récoltes. La Terre et ses habitants meurent de faim. Après une négociation avec Jupiter, Perséphone est autorisée à revenir six mois de l'année sur Terre avec sa mère et à rester six mois de l'année avec son époux. Ce mythe raconte le cycle de la nature et des saisons.

Sa mission : incarner la magie des cycles.

Si Cérès est dominante dans votre carte du ciel : vous êtes une gardienne de la Terre, une Grande Mère.

Vesta, la Prêtresse ou Femme oracle

Découverte en 1807, Vesta porte le nom de la gardienne du feu sacré. Elle incarne la Grande Prêtresse, la femme oracle qui œuvre dans le temple. Contrairement à ce que l'on raconte, les vestales, prêtresses dédiées à Vesta, n'étaient pas vierges au sens physique du terme mais juste libres de ne pas se marier. Elles pratiquaient la sexualité sacrée au sein du temple. Elles avaient aussi le privilège et la mission de se connecter au divin et aux étoiles pour délivrer leur message.

Sa mission : se connecter au ciel et au divin.

Si Vesta est dominante dans votre carte du ciel : vous êtes la femme oracle.

Junon, la Femme souveraine

Junon (ou Héra) est l'épouse de Jupiter (Zeus). Pendant des siècles, elle a été scandaleusement caricaturée sous les traits de l'épouse acariâtre et jalouse. Elle ne faisait que subir les tromperies de son époux. Mais Junon n'est pas une épouse soumise. Elle est née déesse et souveraine. Elle se bat pour défendre l'égalité dans le couple et le partage du pouvoir.

Sa mission : récupérer sa souveraineté et défendre l'égalité homme-femme en amour.

Si Junon est dominante dans votre carte du ciel : vous êtes la femme souveraine.

Athéna, l'Amazone

Découvert en 1802, cet astéroïde est lié à Athéna, la déesse de la guerre et de la sagesse. Elle est la fille de Jupiter. Sa naissance est insolite. Son père avale sa mère Métis, la nymphe de la connaissance. Un jour, il est pris de contractions. On fait appel à Mars pour découper le crâne du dieu, qui accouche de sa fille par la tête. Athéna est au départ une « fille à papa » plus à l'aise avec les valeurs masculines que les valeurs féminines, qu'elle va devoir reconquérir et défendre.

Sa mission : réconcilier le corps et l'esprit.

Si Athéna est dominante dans votre thème : vous êtes la guerrière de la sagesse.

Comment savoir si un astéroïde est dominant dans mon thème ?

Celui-ci doit être soit conjoint à l'ascendant, au milieu du ciel, au fond du ciel ou au descendant (p. 46). La déesse associée est aussi puissante, si l'astéroïde est conjoint au Soleil, à la Lune ou à Vénus.

TEST

QUEL ARCHÉTYPE FÉMININ ÊTES-VOUS ?

Vous avez encore un doute sur votre archétype féminin préféré, celui qui semble être le plus connecté à votre personnalité et à votre mission de vie ? Voici le test pour lever le voile sur la déesse qui sommeille en vous.

Si vous deviez incarner une figure féminine sacrée, vous seriez…

- ★ La prophétesse
- ■ La guérisseuse
- ◆ La magicienne
- ● La chamane

Si vous étiez un « outil magique », ce serait :

- ■ Une baguette
- ● Un chaudron
- ◆ Une potion
- ★ Une bougie

Si vous étiez un lieu sacré, vous seriez :

- ● Une forêt
- ■ Un temple
- ★ Une fontaine
- ◆ Un cercle magique

Si vous deviez choisir un animal totem, ce serait :

- ■ Une chouette
- ★ Une araignée
- ◆ Une colombe
- ● Un scarabée

Si vous étiez un cristal, vous seriez :

- ◆ Le grenat
- ■ La pierre de lune
- ● La cornaline
- ★ Le lapis-lazuli

Si vous étiez une héroïne de la littérature ou de la pop culture, vous seriez…

- ◆ Elizabeth Bennet, l'insoumise d'*Orgueil et Préjugés*, de Jane Austen
- ● Neytiri, la cheffe de clan du film *Avatar*, de James Cameron
- ■ Hermione Granger, la surdouée de *Harry Potter*, de J.K. Rowling
- ★ Morgane la fée, dans *Les Dames du Lac*, de Marion Zimmer Bradley

RÉSULTATS

Vous avez un maximum de ★, vous incarnez Vesta, la Femme oracle.

Vous êtes dotée d'une puissante intuition. Vous écoutez attentivement cette petite voix intérieure qui ne se trompe jamais. Vous aimez la solitude, la méditation, la lecture d'oracles. Vous recevez 5 sur 5 les signes envoyés par l'Univers. Médium, prophétesse, enchanteresse ? Vous l'êtes assurément, même si vous ne le savez pas encore. **Votre don ?** Exprimer vos visions.

Vous avez un maximum de ■, vous incarnez Athéna, l'Amazone.

Vous êtes dotée d'une puissante intelligence. Toujours en quête de savoir et de connaissance, vous avancez dans la vie avec mesure et sagesse. Vous savez « prendre les armes » pour défendre vos valeurs et vos proches. Excellente stratège, fine d'esprit, vous privilégiez la joute intellectuelle avant de passer à l'acte. **Votre don ?** Reconnecter le corps et l'esprit.

Vous avez un maximum de ◆, vous incarnez Junon, la Femme souveraine.

Vous êtes dotée d'un caractère fort et déterminé. Pas question de vous laisser marcher sur les pieds, de subir l'injustice ou la tromperie. Vous êtes celui ou celle qui dit non quand on vous manque de respect, quand on abuse de son pouvoir pour vous dompter ou prendre une part de votre territoire. **Votre don ?** Défendre votre territoire, votre souveraineté.

Vous avez un maximum de ●, vous incarnez Cérès, la Grande Mère.

Vous êtes dotée d'un formidable instinct de vie et de protection. Vous incarnez la Grande Mère, cette déesse primordiale, gardienne des secrets de la vie et des cycles. Vous êtes proche de la nature. Vous connaissez les arbres, les plantes, les cycles de la lune, la sagesse des pierres, les bienfaits des plantes. **Votre don ?** Nourrir et protéger.

FOCUS

LA MAGIE DES ÉLÉMENTS

L'été est la période idéale pour se connecter aux quatre éléments. En astrologie, le Feu, la Terre, l'Air et l'Eau sont les outils parfaits pour comprendre votre façon de voir le monde et d'y vivre. Au début du XXe siècle, le psychiatre Carl Gustav Jung s'est approprié leur symbolique pour décrire quatre fonctions psychologiques de la personnalité : la **sensation** reliée au corps, les **sentiments** reliés aux émotions, la **pensée** reliée au mental, l'**intuition** reliée à la confiance. Ces fonctions décrivent quatre manières d'aborder le monde.

La fonction Sensation est associée aux signes de Terre. S'ils sont majoritaires dans votre thème, vous êtes la Femme Terre, la sensuelle. Vous vous connectez au monde *via* le corps, les sens, l'aspect pratique et fonctionnel des choses.

- **Votre pouvoir ?** Le sens des réalités.

La fonction Sentiment est liée aux signes d'Eau. S'ils sont dominants dans votre carte du ciel, vous êtes la Femme Eau, la romantique. Vous abordez le monde au fil de vos émotions, de vos affects. Vous fonctionnez sur le mode « J'aime, je n'aime pas. »

- **Votre pouvoir ?** L'empathie.

La fonction Pensée est attachée aux signes d'Air. Si votre thème met en valeur cet élément, vous êtes la Femme Air, la curieuse. Vous voyez le monde comme un formidable terrain de jeu pour votre intellect, votre curiosité et votre soif de savoir. Tout ou presque passe par le prisme du mental.

- **Votre pouvoir ?** La communication.

À CHAQUE SIGNE SON ÉLÉMENT

Feu : Bélier, Lion, Sagittaire
Terre : Taureau, Vierge, Capricorne
Air : Gémeaux, Balance, Verseau
Eau : Cancer, Scorpion, Poissons

La fonction Intuition est attribuée aux signes de Feu. Si cet élément embrase votre thème de naissance, vous êtes la Femme Feu, l'intuitive. Vous fonctionnez au feeling, à l'instinct. Pas besoin de passer par la case cogitation pour prendre vos décisions, vous faites confiance à la vie.

- **Votre pouvoir ?** La confiance en soi.

Comment trouver votre élément dominant dans votre carte du ciel ?

Pour connaître votre élément dominant, regardez la position des planètes en signe, puis notez l'élément qui leur correspond en remplissant le tableau ci-dessous. Comptez aussi le signe de l'ascendant. Remplissez la colonne des signes, puis mettez une croix dans la colonne élément correspondante pour faire le compte !

Exemple : J'ai Jupiter en Lion, 1 point pour le Feu.

Planète	En signe	Feu	Terre	Air	Eau
Jupiter					
Lune					
Mars					
Mercure					
Neptune					
Pluton					
Saturne					
Soleil					
Uranus					
Vénus					
Ascendant					
Total					

RITUEL

CRÉER UN AUTEL DÉDIÉ AUX ÉLÉMENTS EN PLEIN AIR

Profitez des vacances d'été pour aller à la rencontre de l'Eau, à la mer ou au bord d'un ruisseau ; pour prendre conscience du pouvoir de l'Air par la respiration, la parole ; pour vous reconnecter à la Terre en honorant les plantes, les minéraux ; pour réveiller le Feu en vous avec des bougies, des feux de camp. Comment ? Créez un autel en plein air avec des éléments naturels récupérés sur place. Une activité à pratiquer en solo, en famille, entre amis, avec les enfants, effet waouh garanti !

Qu'est-ce qu'un autel ?

Un autel est un espace consacré à la célébration d'une divinité, mais pas que ! Cela peut être aussi un élément, une personne chère à notre cœur, un objet.

Choisir le lieu et les éléments

À la plage, au pied d'un arbre, sur un rocher, dans une cavité rocheuse, une terrasse, dans une clairière. Selon le lieu choisi, certains éléments devront être adaptés au contexte : pas question d'allumer des bougies en pleine forêt, au pied d'un arbre, bien sûr ! Choisissez une photo représentant un feu, une flamme, une bougie, ce sera parfait.

Un exemple d'autel au pied d'un arbre

Créez des guirlandes avec des petits mots, prières ou intentions accrochés à intervalles réguliers sur une ficelle (pour l'Air), des photos, des images de flamme ou de bougie (pour le Feu). Accrochez-la aux branches de l'arbre. Réalisez autour de l'arbre un mandala végétal et minéral (la Terre) avec des fleurs fraîches, des feuilles, des pierres, et déposez une coupelle remplie d'eau (l'Eau) à côté.

VOICI QUELQUES EXEMPLES PAR ÉLÉMENT POUR LES REPRÉSENTER :

Le Feu

Des bougies chauffe-plat sécurisantes à la plage dans un photophore, posées sur une pierre. Ailleurs, utilisez des photos représentant un feu, une flamme, une bougie.

L'Eau

Une coupelle ou une bouteille remplie d'eau de pluie, de mer, de ruisseau, une photo de sirène, de divinité de la mer.

La Terre

Des pierres, des galets décorés ou pas, des plantes, des feuilles, des fleurs fraîches ou séchées, des fruits.

L'Air

Des plumes, des banderoles à accrocher sur une branche ou un support, un drapeau, un bocal transparent sans couvercle avec des petits mots, des prières, des intentions à l'intérieur.

DIY

LA MAGIE DE L'EAU
CRÉER UNE EAU DE LUNE

- Pour créer une eau lunaire, choisissez un soir de pleine lune, un jour avant ou un jour après.
- Versez de l'eau, de source dans l'idéal, dans un récipient, et posez-le sur un rebord de fenêtre ou dehors à la nuit tombée.
- Récupérez le récipient avant l'aube, puis versez l'eau dans une bouteille et gardez-la à l'abri de la lumière du soleil avant son utilisation.

Vous pouvez utiliser cette eau pour un bain lunaire, un rituel ou pour la poser sur votre autel, lors d'une prière par exemple.

DIY

LA MAGIE DE L'AIR
FABRIQUER UN BÂTON DE PAROLE

- **Qu'est-ce qu'un bâton de parole ?**

Cet outil est utilisé lors de cérémonies ou de rituels pour prendre la parole et dialoguer avec les esprits. Le bâton de parole peut être utilisé en solo lors d'un rituel pour libérer sa parole ou en groupe pour ouvrir un dialogue sur un sujet, précis ou non.

CHOISIR SON BOIS EN FONCTION DE SA SYMBOLIQUE

Matériel

- 1 branche
- Peinture acrylique
- 1 pinceau moyen
- 1 feutre noir
- Ficelle
- Masking tape

- **Le pin : pour la paix**
- **Le bouleau : pour la vérité**
- **Le chêne : pour la force**
- **Le cerisier : pour l'amour**
- **Le noyer : pour l'énergie**

- Ramassez une branche au cours d'une balade. Nettoyez-la, puis laissez-la sécher.
- **Option 1** : décorez le bâton avec de la peinture acrylique selon vos envies, et inscrivez les symboles ou motifs qui vous inspirent au feutre noir. Cela peut être le symbole de l'Air, qui symbolise la parole, par exemple.
- **Option 2** : enroulez 2 ou 3 morceaux de masking tape autour du bâton. Peignez les espaces vides entre les bandes avec la peinture acrylique, selon vos envies. Laissez sécher, puis retirez délicatement le masking tape et dessinez le symbole de l'Air entre les bandes de couleur peintes.

Vous pouvez l'utiliser en famille, avec les enfants, entre ami.es : profitez des vacances pour ouvrir un cercle de parole avec cet outil rituel.

LES RÈGLES DU CERCLE DE PAROLE

- Ne parlez que quand le bâton est entre vos mains.
- Respectez la parole de l'autre.
- Ne l'interrompez pas.
- Ne portez aucun jugement, ne faites aucune critique.
- Ne parlez jamais des autres, mais toujours de vous-même.

LA SÉANCE

- Décidez ensemble du sujet qui sera abordé et du temps de parole accordé à chacun.
- Asseyez-vous en cercle, puis tirez au sort celui qui prendra la parole en premier.
- Faites tourner le bâton de parole dans le sens des aiguilles d'une montre.
- Le dernier qui prend la parole pose le bâton au centre du cercle.
- Un par un, les participants prennent la parole pour un mot final.
- Mettez fin ensemble au rituel en remerciant le bâton et chacun.e des participant.es.

LA MAGIE DU FEU

DIY FABRIQUER UNE BOUGIE

Préparation
- 20 minutes

Repos
- 12 heures

Matériel

- 1 balance de cuisine
- 1 casserole
- 1 pastille de colle
- 1 bâtonnet en bois
- 1 pipette graduée pour les huiles essentielles
- 1 thermomètre à pâtisserie
- 1 bocal en verre de 180 ml
- 1 mèche de 12 cm

Ingrédients

- 150 g de cire de soja
- 90 gouttes d'huile essentielle de jasmin
- 45 gouttes d'huile essentielle de bois de rose
- Des pétales de rose, des fleurs ou plantes locales

COMMENT FAIRE ?

- Collez la mèche au centre du contenant avec une pastille de colle.
- Faites fondre la cire végétale au bain-marie.
- Hors du feu, lorsque la température redescend à environ 50 °C, ajoutez les huiles essentielles. Mélangez délicatement avec le bâtonnet de bois.
- Lorsque le mélange est homogène, coulez délicatement la préparation dans votre contenant, en centrant bien la mèche. Fixez-la avec une pince à linge.
- Laissez la cire refroidir environ 15 min. Elle doit être dans un état intermédiaire, entre le liquide et le solide.
- Disposez les pétales de fleurs sur les bords, éloignés de la mèche.
- Laissez refroidir pendant 12 h avant de couper la mèche à environ 5 cm de la cire.

LA MAGIE DE LA TERRE

DIY CRÉER SES RUNES ASTROLOGIQUES

Matériel

- Des galets plats
- 1 feutre noir
- Peinture acrylique
- 1 pot de vernis
- 1 pinceau

RÉALISATION

- En balade sur la plage ou dans les rochers, ramassez 22 petits galets. Nettoyez soigneusement vos pierres, faites-les sécher.
- Peignez les galets de différentes couleurs, puis laissez sécher.
- Tracez au feutre noir les symboles des signes du zodiaque sur 12 galets, les symboles des 10 planètes sur les autres (p. 72). Vous pouvez aussi ajouter 12 galets en notant les maisons de I à XII.
- Laissez sécher, passez une couche de vernis.

Vous pouvez les utiliser pour décorer vos autels lors de rituels, ou comme un oracle en les mettant dans un pochon : tirez un ou plusieurs galets pour décrypter le message grâce à la symbolique du signe ou de la planète.

Un été so sexy !

Vénus, déesse de l'amour et de la beauté, voyage tout l'été dans le signe le plus glamour et sexy du zodiaque, le Lion. L'été sera chaud, placé sous le signe de la passion, de la séduction et de la flamboyance. Dans ce climat « so hot », *quid* de votre libido ?

Quels sont les marqueurs astro de l'érotisme ?

- **Un lieu : la maison VIII, qui parle d'érotisme et de sexualité.**
  Regardez son signe (p. 6) pour évaluer votre quotient érotique. Si vous avez une ou plusieurs planètes placées dans cet espace, la sexualité est un sujet important pour vous.

- **Une planète : Mars, la planète du désir.** Regardez le signe où il réside et vous saurez tout sur le mode d'emploi de vos désirs.

Exploration de votre maison VIII !

• **Maison VIII en Bélier**, je craque en mode coup de foudre et coup d'éclat.

Mon icône érotique : Marilyn Monroe.

• **Maison VIII en Taureau**, je frémis à la moindre caresse, je suis la queen des massages sexy.

Mon icône érotique : Léa Seydoux.

• **Maison VIII en Gémeaux**, je suis la reine du flirt et des jeux érotiques.

Mon icône érotique : Isabelle Adjani.

• **Maison VIII en Cancer**, je suis la femme enfant, la candide qui cache bien son jeu et se révèle ardente sous la couette.

Mon icône érotique : Lily Rose Depp.

• **Maison VIII en Lion**, je suis la star qui adore mettre en scène et théâtraliser ses jeux érotiques.

Mon icône érotique : Monica Bellucci.

• **Maison VIII en Vierge**, je joue les filles sages et prudes mais quand je me révèle, tout devient possible.

Mon icône érotique : Bella Hadid.

• **Maison VIII en Balance**, je suis la séductrice avec un grand S, qui place l'amour au rang d'œuvre d'art.

Mon icône érotique : Claudia Schiffer.

• **Maison VIII en Scorpion**, je suis la Femme eros par excellence, celle qui repousse toujours plus loin l'intensité de ses jeux érotiques.

Mon icône érotique : Romy Schneider.

• **Maison VIII en Sagittaire**, je suis l'exploratrice, la curieuse prête à toutes les découvertes et les expériences.

Mon icône érotique : Vanessa Paradis.

• **Maison VIII en Capricorne**, je prends mon temps, mais dès que la confiance s'installe, je suis le feu sous la glace.

Mon icône érotique : Scarlett Johansson.

• **Maison VIII en Verseau**, je suis la transgressive, celle qui aime franchir la ligne rouge mais pas s'engager affectivement.

Mon icône érotique : Sharon Stone.

• **Maison VIII en Poissons**, je suis l'amoureuse avec un grand A, je fusionne et me donne à 150 %.

Mon icône érotique : Emma Watson.

Mars, l'expression de vos désirs

- Mars en Bélier : en mode coup de foudre.
- Mars en Taureau : avec l'usage de tous mes sens.
- Mars en Gémeaux : avec humour.
- Mars en Cancer : avec des caresses.
- Mars en Lion : avec flamboyance et superbe.
- Mars en Vierge : avec douceur.
- Mars en Balance : avec élégance.
- Mars en Scorpion : en mode érotique.
- Mars en Sagittaire : en mode exploratrice.
- Mars en Capricorne : avec expérience.
- Mars en Verseau : avec originalité et sans tabou.
- Mars en Poissons : en mode fusion.

TEST

Quel est votre style érotique ?

Sex appeal, libido, érotisme... Quel est votre style, quelles sont vos envies, au lit ou ailleurs ? Vénus la déesse de l'amour voyage en Lion tout l'été : découvrons nos nuances de passion !

1. Si vous pouviez choisir le lieu d'une rencontre haute en couleur et en promesses érotiques ?

- ■ Dans un Spa.
- ◆ Sur un rooftop au bout du monde.
- ● Dans un jardin anglais.
- ★ Lors d'un Escape game.

2. Quel cadre historique pourrait être celui d'un jeu de rôle sensuel ?

- ● Un boudoir à la Fragonard.
- ◆ Une fête à Pompéi.
- ★ Un palais vénitien en plein carnaval.
- ■ Un hammam aux temps mythiques des Mille et Une Nuits.

3. Un parfum qui vous transporte ?

- ◆ Le cuir.
- ● La rose.
- ★ Le musc.
- ■ Le jasmin.

4. Un accessoire qui se transforme en jouet érotique ?

- ● Un foulard de soie.
- ■ Une crème glacée.
- ★ Un œuf de Yoni.
- ◆ Un sextoy.

5. Un lieu dans la nature où vous rêvez de faire l'amour ?

- ■ Au milieu d'un champ de fleurs.
- ◆ Au pied d'une cascade naturelle.
- ● Sous un arbre millénaire.
- ★ En plein désert, un soir de pleine lune.

RÉSULTATS

Vous avez un maximum de ●, vous êtes la romantique, reine des câlins coquins.

Vous adorez jouer la carte de la candeur mais derrière cette charmante timidité se cache une experte en caresses et autres mots magiques qui électrisent vos partenaires. Les signes qui cochent toute les cases de cette catégorie : le Cancer (la plus câline), la Vierge (la plus surprenante quand les masques tombent), la Balance (la plus séductrice et magicienne des ambiances).

Vous avez un maximum de ◆, vous êtes l'amoureuse « sans complexes ni tabous ».

Votre botte secrète ? La spontanéité, l'effet de surprise, la simplicité. Vous n'êtes pas du genre à vous poser trop de questions, à en faire des tonnes. Vous êtes de celles qui écoutent leurs désirs, ne se prennent pas la tête et profitent de l'instant présent. Les signes qui font partie de cette tribu : le Bélier (le roi du coup de foudre), le Sagittaire (l'explorateur sans limites), le Verseau (celui qui n'hésite pas à transgresser et tenter les expériences les plus folles).

Vous avez un maximum de ■, vous êtes la sensuelle, encore et encore, pour toujours.

Vous jouez avec toute la palette de vos cinq sens. L'amour est un corps qui sait prendre son temps et faire durer le plaisir aussi longtemps que possible. Vous êtes sensible à l'environnement, aux parfums qui vous entourent, à l'ambiance qui joue un rôle fondamental dans la montée du désir. Les signes qui disent oui à cette proposition : le Taureau (le plus tactile et voluptueux), le Poissons (celui qui lâche tout et ne se refuse rien), le Lion (le plus passionné et créatif).

Vous avez un maximum de ★, vous êtes la 100 % érotique.

Vous savez mieux que personne faire monter le désir avec un art du détail et de la sophistication qui emporte les plus réservés. Votre atout majeur ? L'art et la manière de créer l'ambiance, de raconter des histoires et des scénarios furieusement sexy. Les signes qui rejoignent cette team : le Scorpion (le champion toutes catégories de l'érotisme sans tabou), le Gémeaux (l'expert en jeux érotiques et autres cache-cache amoureux), le Capricorne (le feu sous la glace, qui surprend tout le monde).

LES CYCLES DE LA LUNE

Demandez la Lune

Comme à une sœur de cœur, on peut tout demander ou presque à la Lune. Surtout si vous êtes une femme. Cela ne vous a pas échappé, le cycle féminin correspond idéalement au cycle de la Lune avec un timing identique, autour de 28 jours. Ces différentes phases correspondent à un cycle émotionnel et physique que toutes les femmes connaissent. À condition de s'y relier. Prête ? On y va !

COMMENT FONCTIONNENT LES CYCLES DE LA LUNE ?

Quand la Lune se trouve entre le Soleil et la Terre, elle est invisible. C'est la nouvelle lune, cela correspond au point de départ du cycle. Puis sa luminosité croit, la Lune entre en phase croissante. Quand elle est totalement visible, ronde et brillante dans le ciel, c'est la pleine lune. Puis, sa luminosité décroît à nouveau, la phase décroissante entre en piste. Voilà pour le côté astronomique, passons en mode pratico symbolique pour intégrer ce cycle dans votre quotidien !

À LA NOUVELLE LUNE, JE POSE MES INTENTIONS

La Lune est invisible. Son énergie est basse mais une phase de renouveau s'enclenche. C'est le moment de se recentrer, de prendre du recul. C'est un temps d'introspection pour mieux se projeter dans l'avenir.

En pratique : j'interroge un oracle pour connaître et poser mes intentions

Découpez les cartes de l'oracle situé en fin de cahier. Battez bien les cartes. Étalez le jeu de devant vous, tirez 3 cartes.

- 1e carte : ce qui est en train d'arriver.
- 2e carte : ce que je peux demander.
- 3e carte : quel sera le résultat de ma demande.

EN LUNE CROISSANTE, JE ME LANCE !

Seul le côté droit de la Lune est éclairé. Pendant 14 jours, la luminosité et l'énergie de la Lune augmentent. C'est pareil pour vous ! C'est le moment idéal pour agir, pleine d'énergie, décider et avancer ses pions. Votre motivation croît au fur et à mesure que votre volonté s'étend. Action !

En mode pratique : Mon plan en 5 étapes

Identifiez un objectif qui vous tient à cœur.
Notez les 5 étapes à suivre pour atteindre votre but.

VOTRE OBJECTIF

....

Cinquième pas

....

Quatrième pas

....

Deuxième pas

....

Troisième pas

....

Premier pas

....

À LA PLEINE LUNE, JE RÉCOLTE LES FRUITS DE LA NOUVELLE LUNE ET REMERCIE

La Lune atteint son apogée et diffuse un maximum d'énergie. Cette phase révèle ce que vous avez planté au cours de la première moitié du cycle. Cela peut être un top comme un flop. Pas de panique, la vie est cyclique : si ce tour de piste n'a pas donné les fruits attendus, profitez de la phase décroissante qui s'enclenche pour faire le bilan et repartir avec un œil neuf et plus mature. En cas de succès, profitez de vos acquis, mais pas trop longtemps. Le cycle se poursuit, passez sans trop attendre en phase bilan pour vous relancer vers de nouvelles aventures.

En mode pratique
Les cartes postales de la gratitude

Notez les noms de 3 personnes qui vous ont aidée ou accompagnée récemment. Achetez 3 cartes postales, choisissez-les avec le cœur. Puis envoyez-les aux personnes choisies avec un mot de gratitude.

EN LUNE DÉCROISSANTE, JE FAIS LE BILAN ET ME REPOSE

Cette fois-ci, c'est le côté gauche de la Lune qui est éclairé. Sa luminosité et son énergie diminuent, jusqu'à disparaître. Quels que soient les résultats mis en lumière par la pleine lune, faites une pause, reposez-vous physiquement et mentalement pour recharger vos batteries.

En mode pratique
Yin Yoga, la posture de l'enfant

Les bienfaits : Ramène le calme, favorise l'introspection.
Assise confortablement sur votre tapis, mettez-vous à genoux. Penchez-vous vers l'avant, puis amenez votre front sur le tapis, si c'est possible. Laissez le poids de votre corps glisser tout doucement vers le sol. Installez-vous tranquillement. Vous pouvez placer un coussin sous vos genoux pour plus de confort. Tenez la posture 3 min.

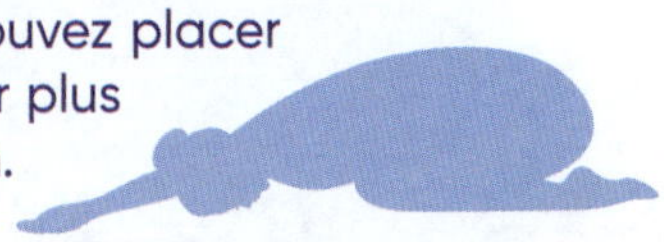

JEU

TROUVER SA LUNE EN ASTROLOGIE AMÉRINDIENNE

Focus sur l'astrologie amérindienne ! Découvrez avec ce jeu sous quelle lune vous êtes née et prenez connaissance de votre animal totem. **Reliez chaque Lune à son animal totem.**

- **La Lune du repos et de la purification** (20 janvier – 18 février) ○
- **La Lune du renouveau de la terre** (22 décembre – 19 janvier) ○
- **La Lune des grands vents** (19 février – 20 mars) ○
- **La Lune du retour des grenouilles** (20 avril – 20 mai) ○
- **La Lune de la moisson** (23 août – 22 septembre) ○
- **La Lune des arbres en bourgeons** (21 mars – 19 avril) ○
- **La Lune de la plantation du maïs** (21 mai – 20 juin) ○
- **La Lune du soleil fort** (21 juin – 22 juillet) ○
- **La Lune du gel** (24 octobre – 21 novembre) ○
- **La Lune des baies mûres** (23 juillet - 22 août) ○
- **La Lune du vol du canard** (23 septembre – 23 octobre) ○
- **La Lune des longues neiges** (22 novembre – 21 décembre) ○

- ○ **Faucon : enthousiasme, courage, spontanéité**
- ○ **Loup : compassion, altruisme, imagination**
- ○ **Serpent : résilience, transformation, souplesse**
- ○ **Castor : efficacité, patience, persévérance**
- ○ **Oie des neiges : ambition, franchise, discipline**
- ○ **Cerf : intelligence, humour, vivacité d'esprit**
- ○ **Saumon : générosité, créativité, joie de vivre**
- ○ **Pic-vert : intuition, tendresse, compassion**
- ○ **Ours : discrétion, précision, analyse**
- ○ **Corbeau : charme, gentillesse, diplomatie**
- ○ **Élan : justice, sagesse, optimisme**
- ○ **Loutre : créativité, gaieté, curiosité**

Solution p. 75.

MON BILAN ZODIACAL

Le voyage se termine. Voici quelques outils pour faire le point sur les éléments principaux de votre carte du ciel, histoire de réviser ce que vous avez appris cet été et d'aller un peu plus loin dans le décryptage de votre thème.

LE TABLEAU DE VOS DONNÉES « ASTRO » PERSONNELLES

Voici l'outil indispensable pour récapituler et garder en mémoire votre signature astrologique. N'hésitez pas à noter vos commentaires, vos ressentis. N'oubliez pas, vous êtes l'héroïne de cette histoire, vous savez mieux que personne comment vivre ses positions planétaires. Inspirez-vous de votre vécu, oubliez un temps les grilles de lecture astrologiques. Jouez la carte de la sincérité et de l'intuition.

Planètes	Signes	Maisons	Commentaires	Ressentis

Remplissez ce tableau en notant la position des planètes de votre carte du ciel, en signes et en maisons. Exemple : Lune en Taureau en maison XII.

MES PLANÈTES ET MOI

Pour approfondir votre vécu avec vos planètes, voici une série de questions pour aller plus loin :

MON SOLEIL

Comment est-ce que je m'y prends pour briller et rayonner dans la vie ?

Comment est-ce que j'exprime au mieux ma personnalité ?

MA LUNE

Comment s'expriment mes émotions ?

De quoi ai-je le plus besoin ?

MON MERCURE

Quelle est ma façon de communiquer ?

Quelle est la puissance et la place du mental dans ma vie ?

MA VÉNUS

Qu'est-ce qui m'attire le plus ?

Comment est-ce que je me relie aux autres ?

MON MARS

Qu'est-ce qui me donne envie de me battre, de me dépasser dans la vie ?

Comment et où se déploie mon courage ?

MON JUPITER

Dans quel domaine ai-je le plus envie de m'épanouir et de prendre ma place ?

Comment est-ce que j'exprime le mieux mon leadership ?

MON SATURNE

Où est-ce que je ressens le plus de limites et de blocages dans ma vie ?

Dans quel domaine fais-je preuve de sagesse et de maturité ?

MON URANUS

Qu'est-ce qui me révolte le plus dans la vie ?

Comment et où est-ce que j'exprime le mieux mon originalité ?

MON NEPTUNE

Qu'est-ce qui m'inspire le plus dans la vie ?

Où est-ce que je me sens le plus fragile et vulnérable ?

MON PLUTON

Comment vis-je les moments où je dois tourner une page et passer à autre chose ?

Dans quel domaine dois-je me transformer le plus dans la vie ?

L'astro-dico

pour lire votre carte du ciel

**Vous avez imprimé votre carte du ciel, mais vous n'y comprenez rien ?
Pas de panique ! L'astrologie a son propre langage :
voici un ce qu'il faut savoir pour la décrypter.**

ASCENDANT

L'ascendant est le signe dans lequel s'est levé le Soleil le jour de sa naissance. Il correspond au point le plus à l'est (gauche) du thème natal. Il incarne l'identité, le moi, l'apparence extérieure.

DESCENDANT

Le descendant est le signe dans lequel le Soleil se couche le jour de sa naissance. Il correspond au point le plus à l'ouest (droite) du thème natal. Il s'agit de la maison VII, qui parle de la rencontre avec l'autre.

FOND DU CIEL

Le Fond du ciel est le point le plus au sud (en bas) du thème. Il correspond à la culmination nocturne du jour de la naissance (minuit). Il s'agit de la maison IV, qui parle de racines, d'héritages, de la famille, du lieu de vie.

MILIEU DU CIEL

Le milieu du ciel est le point culminant du thème de naissance. Il se situe au sommet de la carte du ciel, le moment de la journée où le Soleil est le plus haut dans le ciel. Il s'agit de la maison X, qui parle de carrière, de profession, de vocation, de mission de vie.

LES PERSONNALITÉS DES SIGNES DU ZODIAQUE

- Le Bélier, le puncher
- Le Taureau, le sensuel
- Le Gémeaux, le messager
- Le Cancer, le protecteur
- Le Lion, la star
- La Vierge, la guérisseuse
- La Balance, l'amoureuse
- Le Scorpion, l'alchimiste
- Le Sagittaire, l'explorateur
- Le Capricorne, le bâtisseur
- Le Verseau, l'innovateur
- Le Poissons, le médium

LES INCARNATIONS DES PLANÈTES

- Le Soleil, ma carte d'identité
- La Lune, ma vie intérieure
- Mercure, ma parole
- Vénus, mes valeurs, mes amours
- Mars, mon courage, mes désirs
- Jupiter, mon leadership, mon génie créateur
- Saturne, ma sagesse, mon autorité intérieure
- Uranus, ma liberté, mon indépendance
- Neptune, ma connexion à l'univers, ma part mystique
- Pluton, ma résilience, ma capacité de transformation

LES POINTS DES ARCHÉTYPES

- Lilith alias la Lune noire, la femme insoumise, la sorcière
- Chiron, le chaman blessé, le guérisseur
- Cérès, la Grande Mère
- Pallas Athena, l'Amazone
- Junon, l'épouse souveraine
- Vesta, la grande prêtresse

RÉPONSES ET SOLUTIONS

La trousse de guérisseuse de la Vierge .... p. 27

Y	U	M	H	G	T	L	B	O	O	O	R	R	L	C
T	N	E	M	E	S	I	A	P	A	E	C	A	B	O
K	D	R	D	D	Y	C	E	A	C	T	V	D	E	N
W	P	H	E	S	I	S	U	O	T	A	E	E	T	C
L	U	E	L	T	I	S	L	F	N	K	R	M	C	E
N	Z	A	P	R	A	T	C	D	C	W	Q	E	A	N
I	Z	C	P	I	E	W	E	R	D	V	E	T	P	T
O	U	R	S	U	D	V	K	B	E	C	G	E	B	R
Z	V	P	H	X	V	O	C	C	U	T	L	R	H	A
O	T	G	A	G	L	J	T	C	O	H	I	B	G	T
R	U	V	W	L	A	X	J	S	V	R	V	O	Y	I
I	N	T	R	O	S	P	E	C	T	I	O	N	N	O
E	T	I	M	R	E	H	U	K	C	T	C	T	A	N
B	H	C	E	S	I	R	P	R	E	H	C	A	L	G
F	V	P	P	M	U	L	T	Q	M	E	T	I	J	J

Découvrez l'art du cryptogramme, une spécialité *made in* Scorpion .... p. 33

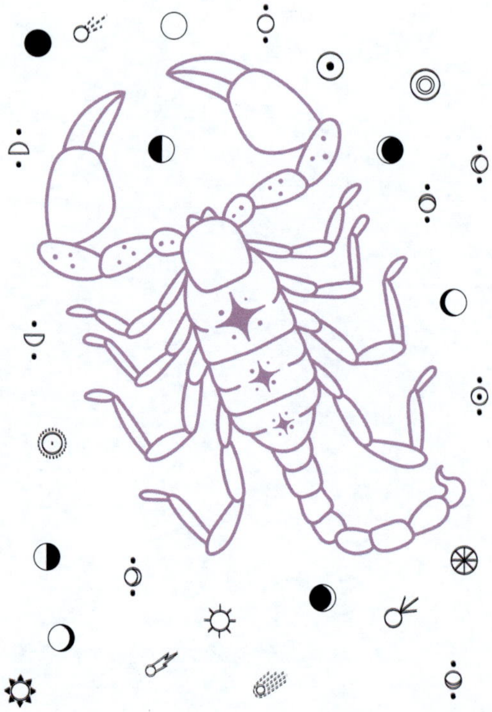

Citation n° 1

« En vérité, le chemin importe peu, la volonté d'arriver suffit à tout. »

Albert Camus

Citation n° 2

« Dans la vie, rien n'est à craindre, tout est à comprendre. »

Marie Curie

Citation n° 3

« Tout homme a le droit à vingt-quatre heures de liberté par jour. »

René Magritte

Citation n° 4

« Quelque part dans mon passé, deux routes se sont présentées à moi. J'ai pris celle qui était la moins fréquentée. Et c'est tout ce qui a fait la différence ».

Jodie Foster

Les artistes du Verseau .... p. 39

Quiz mythologique ..... p. 49

1. Athéna
2. Des colombes
3. Zeus *alias* Jupiter
4. Des sandales ailées
5. Perséphone
6. Héra
7. *La Théogonie* d'Hésiode

Le Soleil, la quête du héros ! .... p. 48

Soleil en Bélier – Un conte sur le courage. *Le Vaillant Petit Tailleur*, les frères Grimm

Soleil en Taureau – Un conte sur la gourmandise. *Hansel et Gretel*, les frères Grimm

Soleil en Gémeaux – Un conte sur le pouvoir de l'intelligence et de la ruse. *Le Maître Chat ou le Chat botté*, Charles Perrault

Soleil en Cancer – Un conte sur le pouvoir de l'imaginaire. *Les Aventures d'Alice au pays des merveilles*, Lewis Carroll

Soleil en Lion – Un conte sur les méfaits de l'orgueil. *Les Habits neufs de l'Empereur*, Hans Andersen

Soleil en Vierge – Un conte sur la confiance en soi. *Cendrillon, ou la petite pantoufle de verre*, Charles Perrault

Soleil en Balance – Un conte sur la beauté. *La Belle et la Bête*, Mme Leprince de Beaumont

Soleil en Scorpion – Un conte sur l'art du secret. *Le Bal des douze princesses*, les frères Grimm

Soleil en Sagittaire – Un conte sur l'aventure. *Sindbad le marin*, Contes des *Mille et Une Nuits*

Soleil en Capricorne – Un conte sur les dangers de l'isolement. *La Reine des neiges*, Hans Andersen

Soleil en Verseau – Un conte sur la tentation de la liberté. *La Bergère et le Ramoneur*, Hans Andersen

Soleil en Poissons – Un conte sur le sacrifice. *La Petite Sirène*, Hans Andersen

Les cycles de la Lune .... p. 69

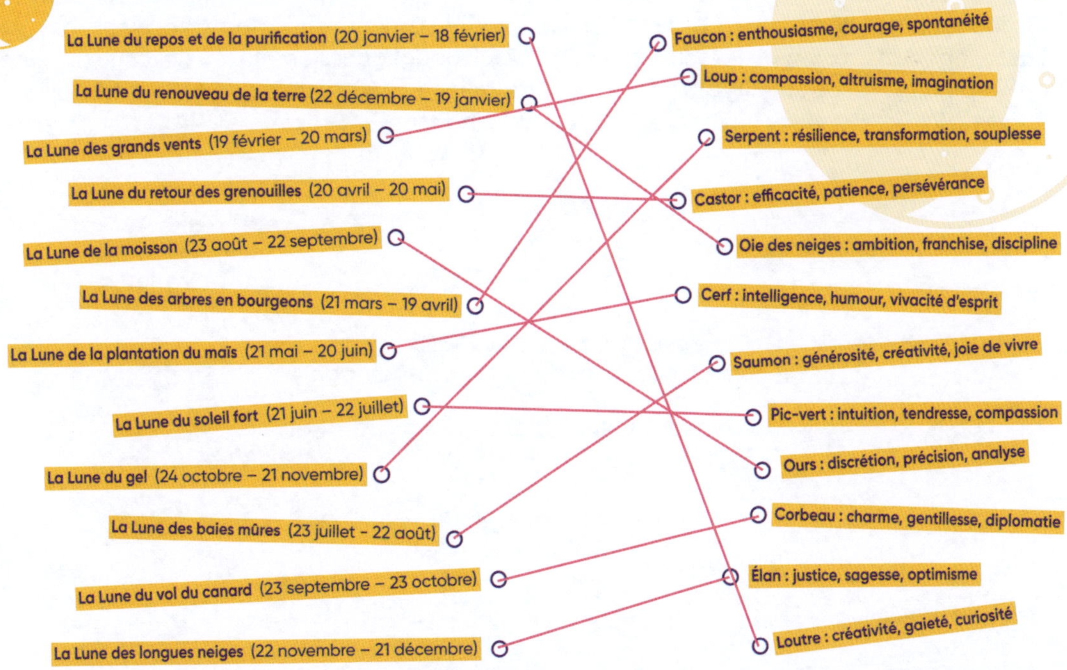

REMERCIEMENTS

Un grand merci à Fanny pour cette deuxième collaboration toujours aussi fluide et enrichissante.
Merci à mon mari et mes deux garçons chéris pour leur patience pendant mes séances d'écriture.
Merci à mes amies « Paillettes », ma *team* de choc qui me soutient et booste ma motivation pendant mes phases de rédaction : Sophie, Audrey et Gaëlle.

Crédits

Directrice
Aurore Charoy

Éditrice
Fanny Morgensztern

Responsable des partenariats
Stéphanie Bardon
stephanie.bardon@webedia-group.com

Conception graphique
Élodie Chaillous, studio HelloÉlo

Mise en pages
Nord Compo

Images
© 123RF avec : p. 15 : karpenyuk / p. 20 : aprilpie / p. 25 : yummybuum / p. 27 : arthadesignstudio
p. 33 : juangelarts ; kamenuka / p. 37 : oliafedorovsky / p. 41, 61 : pirateferry / p. 49 : irkast
p. 55 : castecodesign / p. 59 : oixxo ; suricoma / p. 62-63 : ongkachakon / p. 64 : ekosuwandono
p. 65 : pikepicture / p. 66 : agilitybrush / p. 67 : strangelet / p. 68 : vivbien / p. 69 : artnataliia
Oracle : irkast ; nadezhdash.

Imprimé en Espagne par Soler Tallers Gràfics sur du papier
provenant de bois gérés de manière responsable.

ISBN : 978-2-38184-047-5
Dépôt légal : 2e trimestre 2023

2, rue Paul-Vaillant-Couturier
92300 Levallois-Perret

Le Soleil

N'attendez plus pour allumer votre flamme intérieure, accueillir la joie de vivre avec un grand J et un grand V. N'ayez plus peur de briller, d'apporter votre pierre au monde extérieur, d'affirmer votre personnalité et votre valeur sans aucun complexe.

La Lune

Connectez-vous à vos mondes intérieurs, à vos mémoires, à vos besoins. Honorez sans plus attendre votre dimension féminine, le rythme de vos cycles. Besoin de faire une pause ? Écoutez la sagesse de votre corps et la pertinence de votre intuition.

Mercure

Prenez la parole ! Le messager des dieux vous invite à exprimer vos pensées comme vos émotions et à faire entendre votre voix. Préparez-vous à bouger, à vous former, à rencontrer de nouvelles personnes, à échanger des idées ou à faire de bonnes affaires.

Vénus

Laissez-vous porter par la vague d'amour qui vient vers vous. Déployez dès maintenant votre pouvoir de séduction. Vous n'avez jamais été aussi attirante. Prenez soin de vous, diffusez votre beauté, votre art de vivre, votre valeur au monde.

Mars

C'est le moment de passer à l'action. La voie est libre, même si vous rencontrez des obstacles, votre courage, votre audace, votre esprit d'initiative feront la différence. N'ayez pas peur de cette force vitale et de ce désir qui s'éveillent en vous.

Jupiter

La chance vous sourit. Ce n'est pas un hasard mais le fruit de vos pensées positives, de votre optimisme, de votre confiance. Des opportunités surgissent, des mains se tendent, autorisez-vous à atteindre vos objectifs, vos idéaux mais sans outrepasser les limites posées par la vie.

Saturne

Si vous ressentez une baisse de vitalité, l'inconfort d'un blocage, patience : le vieux sage œuvre pour vous en coulisses. Prenez le temps de peaufiner vos idées, vos projets, une relation. Prenez conscience de vos responsabilités. Vous construisez quelque chose de solide et durable.

Uranus

Sentez-vous l'appel du changement ? Suivez votre intuition. Accueillez sans crainte les surprises qui viennent à vous. Elles sont porteuses de libération et de renouveau. Votre défi ? L'audace ! Sortez de votre zone de confort, exprimez votre originalité.

Neptune

L'Univers vous invite à connecter votre part divine, à vous envoler au pays des rêves. Médium, moi ? Et pourquoi pas. Artiste ? Oui, c'est possible. Laissez-vous porter par la voie du cœur et par l'inspiration, à condition de cultiver discernement et esprit critique.

Pluton

Quand la planète de la transformation surgit, il est temps de vous concentrer sur l'essentiel, de déployer votre vérité, votre lucidité et de tourner des pages. C'est le secret de votre renaissance ou régénération. Un nettoyage profond du passé est nécessaire.

Vesta

Quand la prophétesse se présente à vous. Il est temps de faire silence, de vous mettre en retrait pour contacter le feu sacré qui brûle en vous. Faites taire les blablas qui vous entourent. N'écoutez que cette voix intérieure qui vous guide.

Junon

Quand la souveraine surgit dans votre vie. C'est la femme amoureuse qui s'éveille. Celle qui refuse d'être un objet de désir, une épouse aimable et soumise. C'est la reine, la déesse qui se lève pour réconcilier le féminin et le masculin dans une relation juste et équilibrée.

Pallas Athéna

Quand l'Amazone vient bousculer votre *statu quo*, c'est la stratège qui se réveille en vous. Déployez vos ailes, prenez votre place. Battez-vous pour vos idées, vos amours. Pas besoin d'armes, utilisez votre intelligence, votre créativité, votre sagesse pour convaincre.

Cérès

Quand la Grande Mère s'invite dans votre vie, c'est que vous avez besoin de vous retrouver, de prendre soin de vous, de vous libérer des attachements trop puissants. Portez votre attention sur vos cycles personnels, vos besoins. Soyez une bonne mère pour vous et les autres.

Lilith

Quand l'initiatrice, la femme insoumise entre avec perte et fracas dans votre vie, cessez de vous voiler la face. Regardez où se nichent votre colère, vos peurs, vos frustrations. Osez remettre en question ce qui vous entrave. N'ayez plus peur de votre pouvoir pour lever vos blocages.

Chiron

Quand le chaman surgit, il réveille votre blessure inguérissable. Cette souffrance secrète qui vous empêche d'exprimer vos dons. Engagez-vous sans hésiter sur le chemin de la guérison. Comment ? En reconnaissant et en honorant cette douleur qui possède sa propre médecine.

Feu

Ayez confiance en vous. Votre intuition atteint des sommets. Déployez votre force de vie, votre créativité. Vous n'avez rien à craindre. Le feu sacré s'allume. Faire le premier pas, déclarer sa flamme, présenter un projet ? Tous les espoirs sont permis.

Terre

Sentez-vous les parfums de la nature qui vous entoure, la bienveillance du sol sous vos pieds ? Vos fondations, vos dons, vos talents sont solides et performants. Vous vous sentez en sécurité pour construire et recevoir le fruit de vos efforts.

Eau

Mettez votre mental en pause pour connecter vos émotions et vos ressentis. Écoutez la voix du cœur, les petits papillons qui virevoltent dans votre estomac. Votre sensibilité est une alliée précieuse, laissez-vous surprendre et vous emporter.

Air

Votre esprit s'ouvre et s'éclaire. Vous avez une folle envie de vous relier aux autres, de partager, de dialoguer, d'échanger. Envie de faire une formation ? Foncez. Écrire, prendre la parole, diffuser votre message… Quel que soit le canal, c'est un grand oui !

Ascendant

Le moment est venu d'écouter votre moi profond, de mettre en lumière votre signature, votre identité. Un recentrage est nécessaire. Évaluez avec lucidité la façon dont votre personnalité s'exprime. Êtes-vous à votre place, fière de vous et autonome ?

Fond du ciel

Vos fondations sont-elles solides ? Êtes-vous à l'aise avec l'héritage transmis par vos ancêtres ? Explorez sans jugement vos racines, votre socle. Regardez ce que vous pouvez garder et ce qui doit être laissé de côté. C'est la clé pour grandir et trouver votre boussole intérieure.

Descendant

Êtes-vous à l'aise dans vos relations personnelles et amoureuses ? Vous êtes amenée à faire le point sur votre couple ou peut-être à vous engager un peu plus encore. Prêtez attention à la place que vous occupez dans cette relation. Soyez vous-même et libre de toutes contraintes.

Milieu du ciel

Avez-vous réussi à trouver votre place dans le monde ? Boulot, carrière, mission de vie, tel est le sujet. Soyez fière de vous, de vos réalisations, de vos compétences. Il est temps de recevoir ce que vous méritez, d'être respectée et reconnue.